唐宋生活笔记

城门入 著
CHENG MEN RU

甘肃人民出版社

图书在版编目（CIP）数据

唐宋生活笔记 / 城门入著 . -- 兰州 : 甘肃人民出版社 , 2022.8
ISBN 978-7-226-05719-3

Ⅰ . ①唐… Ⅱ . ①城… Ⅲ . ①社会生活 – 历史 – 中国 – 唐宋时期 – 通俗读物 Ⅳ . ① D691.9-49

中国版本图书馆 CIP 数据核字 (2022) 第 008565 号

责任编辑：高茂林
助理编辑：马元晖
封面设计：北京弘果文化传媒

唐宋生活笔记
城门入　著
甘肃人民出版社出版发行
（730030　兰州市读者大道568号）
北京中科印刷有限公司印刷
开本 880毫米×1230毫米　1/32　印张 6.75　插页 2　字数152千
2022年8月第1版　　2022年8月第1次印刷
印数：1~6000
ISBN 978-7-226-05719-3　　　定价：45.00元

目录

CONTENTS

目录

天生丽质难自弃　一朝选在君王侧

春风得意马蹄疾　一日看尽长安花

CONTENTS

CONTENTS

夜市千灯照碧云 高楼红袖客纷纷

火树银花不夜天 歌声唱彻月儿圆

目录

琴棋书画诗酒花
柴米油盐酱醋茶

翻开这本书的第一步：知识储备

唐代：

又称李唐、大唐，是隋代之后由唐国公李渊建立的朝代，从618年至907年，共延续289年。

宋代：

又称赵宋、大宋，是五代十国之后由后周诸将发动陈桥兵变，拥立宋州归德军节度使赵匡胤为帝而建立，分为北宋和南宋两个时期，从690年至1279年，共延续319年。

都城：

唐代——长安 洛阳

宋代——东京开封府（北宋） 杭州临安府（南宋）

货币：

唐代——铜钱（开元通宝、乾元重宝等）

宋代——铜钱、纸币（交子、会子）

历代帝王：（实际统治）

唐代——唐高祖李渊、唐太宗李世民、唐高宗李治、唐中宗李显、唐睿宗李旦、武则天、唐玄宗李隆基、唐肃宗李亨、唐代宗李豫、唐德宗李适、唐顺宗李诵、唐宪宗李纯、唐穆宗李恒、唐敬宗李湛、唐文宗李昂、唐武宗李炎、唐宣宗李忱、唐懿宗李漼、唐僖宗李儇、唐昭宗李晔、唐哀帝李柷。

宋代

（北宋）宋太祖赵匡胤、宋太宗赵光义、宋真宗赵恒、宋仁宗赵祯、宋英宗赵曙、宋神宗赵顼、宋哲宗赵煦、宋徽宗赵佶、宋钦宗赵桓。

（南宋）宋高宗赵构、宋孝宗赵昚、宋光宗赵敦、宋宁宗赵扩、宋理宗赵昀、宋度宗赵禥、宋恭帝赵㬎、宋宗赵昰、宋卫王赵昺。

大唐王朝和大宋王朝的兴衰往事

617年，隋朝的唐国公李渊在晋阳起兵，转而攻占长安，大权在握，并于次年建立了大唐。那么，李渊是何许人也？不得不说，李渊的出身也是很拿得出手的。要介绍他的出身，首先要先提一下魏晋南北朝那段政权频繁更迭的时代。

东汉末年，以曹操为首的曹魏集团、以刘备为首的蜀汉集团、以孙权为首的江东集团，战争不断，形成三国鼎立的局面，曹操的儿子曹丕在曹操病逝后逼迫汉献帝禅位，立国号为魏，也就是魏晋南北朝的魏。曹魏有一位大人物叫作司马懿，深得曹丕宠信，身居高位，以辅政的名义辅佐魏国四代君王，是掌控魏国大权的重臣；曹魏经历了几代帝王后，逐渐被司马氏一家掌握朝政，司马昭是司马懿的儿子，也是那位“司马昭之心，人尽皆知”的主人公，司马懿和司马昭的哥哥司马师相继去世后，大权便落在了司马昭的手中。司马昭先是杀了曹髦另立燕王之子曹璜（后改名曹奂）为帝，是为魏元帝；又在263年发动了灭蜀之战，一举灭了蜀国，企图用军功篡位，但两年后就病死了；司马昭的儿子司马炎也是一个野心勃勃之人，司马炎废了魏元帝曹奂自立为帝，国号为晋，史称西晋，此时蜀汉已亡、曹魏已亡，司马炎又发动灭吴之战，灭了孙吴，结束了三国时期的战乱，迎来了短暂的和平。

西晋建立后仅仅安稳了十几年，诸位王侯纷纷争权，发动了八王之乱，又有北方少数民族趁着晋代内乱纷纷内迁，史称五胡乱华，晋代的百姓纷纷南迁，西晋灭亡，在南方建立东晋。此时，北方地区已经被少数民族政权占领，北方进入五胡十六国时期。十六国是指前凉、成汉、前赵、后赵、北凉、西凉、后凉、南凉、前燕、后燕、南燕、北燕、夏、前秦、西秦、后秦十六个实力强劲的国家，实际上当时北方的政权要比十六个还多。

在南方地区建立的东晋皇权衰落，国家大权都掌握在世家大族的手里，外有藩镇和北方十六国蠢蠢欲动，内有朋党之争、权臣内乱，百姓的日子过得很是艰难。这时有一位叫刘裕的大将平定了诸侯之乱，夺得了帝位，南北朝时期由此开始。南北朝是指南方和北方相互对峙、政权不断更迭的一段时期，南朝依次为宋、齐、梁、陈四代，北朝依次为北魏、东魏、西魏、北齐、北周五代。

大致了解了魏晋南北朝的政权，我们就能来讲讲李渊的出身，他家的祖先是十六国时期西凉的开国君主李暠，这个西凉国是 400 年建立在凉州西部（敦煌一带）的政权，不过没过几十年就被北凉攻灭；李渊的祖父叫李虎，做着西魏政权的官，还做到了西魏八柱国之一的地位；到了他父亲李昞那一辈，做的是北周的官，历任御史大夫、安州总管、柱国大将军，还袭封了唐国公。北周年间，李渊出世，后来他在七岁时父亲便去世了，李渊就袭封了唐国公。

隋代的建立者隋文帝杨坚是北周的丞相，北周本来有一位有所作为的君主宇文邕，可惜英年早逝，三十六岁就撒手人寰；继位的宇文赟治国不行，沉迷于酒色玩儿乐，仅在继位一年后就把皇位传给了不满六岁的太子宇文衍，自称天元皇帝，整日专心沉迷酒色，在他荒淫无度的生活下，二十二岁也早早去世了。宇文赟的皇后杨丽华是杨坚的女儿，杨坚这位实打实的岳父大人在宇文赟死后以外戚权臣的身份辅政，小皇帝年幼，大权实际掌握在杨坚的手中，581 年，北周小皇帝静帝禅位，杨坚建立隋代，为隋文帝。

隋代建立后，隋文帝任命李渊为千牛备身，是负责保卫皇帝安全的高级武官。李渊的母亲独孤氏是隋文帝杨坚的独孤皇后的亲姐姐，大家都是亲戚，所以隋文帝十分器重李渊，没多久就连阶累任谯州、陇州、岐州三州刺史；等到隋炀帝即位后，由于李渊人缘不错，广交天下豪杰，引发隋炀帝的猜忌，李渊又在镇压农民起义、打败突厥侵犯的过程中不断招降纳叛，实力越来越强。李渊有个好儿子李世民，也就是开创大唐贞观之治的唐太宗，他老早就觉得隋朝必亡，天下应该在李家手中，于是也暗中招纳人士，扩充实力。

到了 617 年，也就是隋大业十三年，乃定乾坤之年，由于隋炀帝的昏庸统治，天下百姓怨声载道，起兵反隋的军队蜂拥而至。胸有大志的李世民也不例外，他与晋阳县令刘文静密谋起兵造反，但这需要其父李渊点头应允，李世民一开始担心劝不动李渊，就心生一计，以“晋阳宫女性陪李渊过夜”一计逼李渊下决心，宫女陪侍被皇帝知道可是杀头的罪过，李渊也确实不点头，还说要去告发儿子。最终李渊答应了起兵，还对李世民说：“我爱护你，怎么忍心去告发你呢？”。

既然决心已下，李渊、李世民父子俩又拥有不俗的实力和人才储备，再加上隋炀帝已大失民心，七月，李渊率领三万大军在太原誓师，正式起兵反隋，李家三父子一路势如破竹，同年十一月便攻入长安。进入长安后，李渊宣布遥尊隋炀帝为太上皇，改立隋炀帝的孙子代王杨侑为帝，隋恭帝封李渊为唐王、大丞相、尚书令，李建成为唐王世子，李世民为秦国公，李元吉为齐国公，至此大权已经牢牢掌握在李家父子的手中。第二年，隋炀帝在江都被叛变的禁军杀死，隋恭帝被迫禅让皇位给李渊，李渊在长安即位，大唐建立。

大唐共延续二百八十九年，李渊登基后立李建成为太子，秦王李世民发动玄武门之变杀死太子李建成和齐王李元吉获得了绝对的皇位继承权，李渊自知李世民对皇位势在必得，于是将帝位禅让给李世民。

李世民继位，是为唐太宗，他在位期间励精图治、知人善用、选贤纳谏，开创了贞观之治，这是大唐近三百年的第一个盛世。唐太宗晚年，不省心的儿子太子李承乾和魏王李泰争夺帝位，老爹李世民一气之下把两人都废掉，立了第九子晋王李治为太子。

晋王李治就是那位娶了爸爸的小老婆武则天还与她共享天下的那位“痴情男子”，李治即位初期谨遵父亲李世民的教诲，积极纳谏、勤政爱民，开启了永徽之治， 被称为小贞观之治，并且李治在位期间，大唐的领土十分广阔，为唐代领土面积的“天花板”。至于李治与武则天共享江山这件事，李治可不是一个不折不扣的“恋爱脑”，武则天是有两把刷子在手上的，史书记载武则天“素多智计，兼涉文史”，唐高宗身体不好所以政事大多委托给了武则天处理，李治与武则天两人并称二圣。

唐高宗去世后，先是立与武则天的第三子——太子李显为帝，但这位唐中宗不仅权力被架空还与老妈武则天不合，所以没多久就被废了帝位，软禁在湖北当庐陵王。武则天又立了她与高宗的第四个儿子李旦为帝，这位唐睿宗同样也没有实权，没过几年，武则天废了李旦自己登基为帝，改国号为周，史称武周。作为中国历史上第一位，也是唯一一位女皇帝，她也是有一番作为的，比如完善了官员选拔考试——科举考试，选拔任用了诸如狄仁杰、张柬之等有才之士，武则天在位期间的政绩被史书评价为“政启开元，治宏贞观”。武则天在位十五年后，随着年纪的增长开始沉迷享乐、耽于朝政，之前被废的唐中宗李显与宰相张柬之等诸大臣在洛阳紫微城发动了兵变，逼迫武则天退位，中宗李显再次登基为帝，政权回归李唐王室手中，审时度势的武则天也自请回归大唐皇后的身份，不久便病死，留下一块无字碑给后人无限猜想。

尽管大权回到了李显的手中，但李显身后可是有一些不安分的势力蠢蠢欲动，李显的老婆韦皇后、女儿安乐公主都想像武则天一样成为女皇，甚至合伙杀死了李显。唐中宗死后韦后先是立了一位“傀儡皇帝”，又打算杀死先前被废的唐睿宗李旦，李唐江山怎能随意拱手让给韦皇后？于是，武则天的女儿太平公主与侄子李隆基联合发动了唐隆政变，杀死了韦皇后、安乐公主等不安分的势力，拥立唐睿宗李旦复位，保住了李唐江山。

外在的威胁解决了，家庭内部又出现了争斗，姑姑太平公主和侄子李隆基两人开展了激烈的权力之争。后因彗星出现，李旦禅位李隆基，退为太上皇。但此时李隆基并没有实权，实际权力还是在爸爸李旦手中，甚至连“朕”这个皇帝专属称呼都不能用，只能自称“予”，而姑姑太平公主仗着李旦的宠信肆意妄为，甚至想废掉皇帝李隆基。

一年后，李隆基发动先天政变，赐死姑姑太平公主，夺回大权，是为唐玄宗，此后李旦便退居后宫颐养天年。从此，在唐玄宗李隆基的统治下，唐代进入最鼎盛时期——开元盛世，李隆基也成为唐代在位最久的皇帝。可能是努力久了就容易产生懈怠情绪，也可能是成就斐然后志满得意，李隆基年纪大了便开始沉迷于享乐，不再专心国事。娶了儿媳妇杨贵妃以后，两人更是只顾自己做“比翼鸟”“连理枝”，而全然不顾天下苍生。甚至任用奸臣李林甫为宰相败坏朝政、放任宦官高力士干政祸乱朝廷，致使边境将领安禄山乘虚而入，发动安史之乱。

安史之乱是大唐由盛而衰的转折点，自此元气大伤、一蹶不振，最后十四代帝王的统治均再没有重现大唐往昔的繁盛，尤其是唐懿宗、唐僖宗此等皆为无能之辈，于 907 年，后梁太祖朱温结束了这个盛极一时的大唐。

虽说咱们一般都把唐代和宋代放在一起说，比如“唐宋八大家”“唐宋诗词”，再比如本书，可天下分久必合，合久必分，在唐代和宋代的中间还有一段大约七十年的分裂混乱时代，即五代十国时期。五代即后梁、后唐、后晋、后汉、后周，这五个政权是在唐代被后梁君主朱温灭了之后依次在中原地界上定都的五个短暂的王国。与唐代末年、五代时期、宋代初年同时存在的还有前蜀、后蜀、南吴、南唐、吴越、闽国、南楚、南汉、南平、北汉等十个割据政权，这就是五代十国中的十国。

大宋的开国皇帝叫作赵匡胤，这位赵将军本来是五代的最后一朝后周的一名节度使，节度使的权力是很大的，统领地方的军事，民政和财政，后周的最后一位皇帝年仅七岁便因父亲去世而登基即位，小皇帝因年纪小空有虚衔，朝政就由太后和大臣负责。

960 年，后周的宰相在不明形式真假实虚的情况下，便草率派赵匡胤率军北上抵抗契丹和北汉，赵匡胤率领大军出发后夜里歇在陈桥驿，这个名不见经传的小镇即将发生一件改天换地的大事。赵匡胤的一些亲信在将士中散布议论："现在的皇帝年纪太小了，根本不能亲政，我们现在为了国家效力，抛头颅洒热血与敌人抗争，谁能知道我们的功劳？""要不然我们拥立赵匡胤为皇帝，然后再北征讨敌，这样既能为国效力，又能让皇帝记得我们的功劳！"士兵们一听，颇有道理，于是纷纷支持拥立赵匡胤为帝。

赵匡胤的弟弟赵匡义，也就是那位后来改名赵光义、赵炅的宋太宗和他的亲信与赵匡胤一起演了一场大戏，赵匡胤假装刚刚酒醒，人还糊涂着，就被弟弟直接把龙袍披在了身上，率领众人在庭下拜这位"新皇帝"，赵匡胤却假装被迫地推辞起来："你们贪图荣华富贵便把我推出来当天子，那你们能不能听命于我呢？如果不能完全听命于我，那么这个皇帝我可当不了！”诸将士们一听，“那肯定得支持啊！”于是纷纷表示唯赵匡胤的命令是从，赵匡胤就又打了一张“人品牌”，他对将士们说：“咱们回开封登基之后，要好好尊敬对待后周的小皇帝和太后，不能侵犯欺凌后周的大臣们，也不能烧杀抢掠，服从我的回去重重有赏，不听命令地回去诛灭全族！”于是赵匡胤一行便浩浩荡荡地返回了开封，后周小皇帝禅位，赵匡胤登上了皇帝之位，史称陈桥兵变。赵匡胤登基后将后周的那个小皇帝柴宗训封为郑王，以自己任节度使所在的藩镇名宋州的“宋”为国号，定都开封，大宋建立。

赵匡胤登基后还是很善待自己的“老东家”后周王室的，他在石碑上留下了三条大宋皇室都要遵循的遗训，其中有一条就是为了后周子孙而留，“柴氏子孙有罪，不得加刑，纵犯谋逆，止于狱中赐尽，不得市曹刑戮，亦不得连坐支属。”也就是后周柴氏的后人如果犯罪了不能加以刑罚，就算是犯了谋逆的大罪，也只能赐狱中自尽，什么当众砍头之类的刑罚或是一人犯错株连全家，都是不可以的。宋代的历代皇帝也都遵守了宋太祖的遗训，并且后周的那些大臣们也没有因“一代天子一代臣”而被通通诛灭，他们仅仅是在失势后罢黜到地方为官，有的官员能力强、政绩佳，还能再次回到中央做大宋代的官。

赵匡胤建立大宋代之后，首要任务就是要将五代十国时期割裂的中原大地统一，前面提到的在宋初依旧存在的割据政权“南平”“南楚”“后蜀”“南汉”“南唐”被依次灭亡，南唐就是那个写出“春花秋月何时了？往事知多少的”千古词帝李煜执掌的政权。赵匡胤大业未成却在在位十六年时忽然去世，弟弟赵光义即位，留下了“烛影斧声”的千古悬案，赵匡胤到底是自然病死还是其弟为了皇位而杀死？留下诸多猜疑。赵光义即位后先整顿朝政，接着继续统一中原的大业，遗留的割据政权福建“洪进公”，以及钱氏吴越国都归降大宋，依附契丹辽代的北汉被大宋灭亡。

赵光义在位期间，赵匡胤的儿子全部早亡，大宋皇位的继承也完全掌握在了赵光义一支。赵光义逝世后，由太子赵恒即位，这位宋真宗在位期间勤政爱民，使大宋进入第一个盛世，史称“咸平之治”，也与契丹辽代签订了澶渊之盟，辽国不进犯大宋，大宋每年给辽国布匹和银两，两国之间开启边境贸易。

宋真宗逝世后即位的是宋仁宗赵祯，就是民间传说“狸猫换太子”的主人公，从“仁”字就能看出这位皇帝是一位极其宽厚之人，这位宽厚和善的宋仁宗即位早年并不得志，嫡母刘娥执掌朝政十余年，宋仁宗大志难酬，直到刘娥去世后宋仁宗执政大权，施行“仁政”，令百姓休养生息，迎来了大宋代发展的一段鼎盛时期。天下太平、百姓安居乐业，我们耳熟能详的包青天包拯，“全文背诵天团”范仲淹、欧阳修，大英雄狄青等都是仁宗时期的名臣名将。仁宗去世时，举国上下哀痛数日，就连大宋的死对头辽国的君主耶律洪基都悲伤不已，为仁宗建了衣冠冢。但这位仁宗一生最大的痛就是后继无人，儿子生一个早夭一个，最终由侄子赵宗实承袭了皇位，为宋英宗赵曙。

赵曙即位后又上演了“空有皇位，但无实权”的老剧本，由于英宗多病，朝政由出身将门的太后曹氏把持。英宗亲政后先是搞了一个濮议事件，为自己的生父论名分，实则是为了加强皇权，后又十分重视书籍的编修，发起了《资治通鉴》的编纂，但亲政没几年，这位体弱多病的英宗便去世了，年仅三十六岁。

接替英宗的是英宗和高皇后的长子赵顼，即宋神宗，值得一提的是，宋英宗的所有子女都是皇后高滔滔一人所生，后宫也再无其他妃嫔。宋神宗就是那位启用王安石进行熙宁新法改革的君主，后因决心灭西夏遭遇失败而一病不起。神宗的儿子宋哲宗即位后又是一部“早年无权，太后执政”的剧本，高太后支持旧党，所以引发了严重的新旧党派之争，直到哲宗亲政后才得以解决。这位哲宗又是一位没有儿子的皇帝，他的弟弟赵佶接替皇位，赵佶就是那位写得一手好字自创瘦金体，画得一手花鸟鱼虫自创院体，玩玩茶艺就能写出一部巨作《大观茶论》的大艺术家，徽宗爱好享乐，喜欢笔墨丹青亭台楼阁，还喜欢逛青楼、收集珍宝，却唯独对朝政毫无兴趣，于是，北宋王朝也在他的无能下迎来了靖康之耻，金人入侵致使民不聊生。宋徽宗和他的儿子宋钦宗二人也被掠夺至金国，最终客死他乡。

靖康之耻中赵姓宗室大部分被一网打尽，康王赵构多次转移得以幸免，后他南渡大宋陪都南京应天府即位，为宋高宗，至此建立南宋。南宋已经失去了对中原的完整统治权，以临安（杭州）为都城，统治范围仅限于秦岭淮河以南，与金代、西辽、大理国、西夏、蒙古国并存。直到 1279 年，宋蒙崖山海战失败，陆秀夫背着八岁的小皇帝宋怀宗赵昺跳海，南宋在崖山的十万军民也跟着投海殉国，南宋与蒙古四十八年的抗衡结束，大宋王朝在中原的统治也结束，共经历北宋与南宋两个时期，历十八代帝王，共三百一十九年。

宋代统治的三百多年间，有一个地方一直是大宋臣民的心头大患，即燕云十六州。燕云十六州是指燕（幽）、蓟、瀛、莫、涿、檀、顺、云、儒、妫、武、新、蔚、应、寰、朔等十六州，也就是今天的北京、天津北部，以及河北、山西北部等地。燕云十六州在五代十国时期，被后唐官员、后晋开国皇帝石敬瑭割让给契丹辽国，但燕云十六州位置险要，后周王室与大宋王室一直想要收复却未能如愿，直到明代建立，燕云十六州才被朱元璋收复，这是后话了。

大致了解了唐代与宋代的兴衰往事，接下来就让我们来看看唐代人和宋代人的生活吧！

人间烟火气
最抚凡人心

唐代和宋代的城市是什么样？

唐代的城市规划方案采用的是坊市制，住宅区和商业区严格划分，以唐代的都城长安的城市格局为例，长安城由内而外依次为宫城、皇城、外郭城，宫城就是皇帝的老巢；皇城在宫城坊门以南，分布着中央六部衙署，可以理解为政府大院；外郭城即里坊住宅区，共有一百〇八坊。

长安城的住宅区很大，以主干道朱雀大街为界限，将住宅区分给了两个县，左边五十三坊归万年县管，右边五十五坊归长安县管。坊即里坊，里坊大概是方形或长方形的一块方方正正的区域，最靠近皇城南门的那些里坊面积是最大的，可以说是接近政治中心的高档住宅区；每一个坊都建立了坊墙，坊墙四面每面各有一个门，百姓们只能从坊门出入，刚才提到的靠近皇城的高档住宅区只开东西两个门，其余坊大多可以开东南西北四个门。坊内就是百姓们的房子，但是普通住户们的房子严禁向着大街开门，只有王公贵族或是三品以上的大官，才能经过特许对着大街开门。

坊门每到夜晚，就要按时按点关闭，街上还有官兵巡逻，百姓们只能在坊内活动，根本不可能上到大街上。

唐代的街道都非常宽阔，比如将长安县和万年县分开的主干道朱雀大街足足有一百五十米宽。

唐代百姓在哪里购物呢？唐代设有专门的购物中心——东市和西市，大件物品和外来新奇物品都得去东市和西市采购。一些日常的简单生活用品可以在街巷中就近采购，比如寿坊中有金银珠宝店，丰邑坊有丧葬铺，永昌坊设有茶肆，常乐坊产梨花蜜，辅兴坊置胡饼店等，有的坊因为有集中的饭店，甚至发展成为城中闻名的小吃一条坊。

宋代建立之后，一开始依旧尝试把城市格局恢复成前代的坊市制，但毕竟经过了战乱，坊墙已经被破坏，无法恢复到最初的规整样子了，宋代的最新城市规划方案叫作街市制。宋代的官家认为街道不再是神圣的地方，反而应该物尽其用，将临街区域都变成了商业街区，宋代街巷间不再像唐代一样只能买到简单的生活用品，旅店、酒楼、妓馆应有尽有，宋代的市民们再也不用专门跑到东市和西市逛街。不仅有商业街区，还有不少小摊小贩，从《清明上河图》中我们可以看到，街边的支棚、地摊随处可见；《东京梦华录》中也有记载，东京的大街小巷、路口桥门，都卖着各种各样的时令水果、小吃饮料，还有不少街头卖艺的艺人，简直是一派人间烟火气。

既然有了这么多做生意的地段，宋代的百姓也很好地抓住了这个赚钱的机会，到了北宋末年，东京城内的已经拥有了繁华的商业中心，以御街、州桥、相国寺为中心，包括周围的九条街区，这就是东京城内最繁华的地方。州桥一带有繁华的夜市，是夜间的小吃一条街。

【宋代集市】

唐代和宋代的户籍制度

唐代中央有专门管理人口的最高机构，叫作户部，户部及户部司的职责是制定全国人口管理的政策，同时还负责全国户籍的管理。在地方也有相应的户籍管理机构和人员，比如各州府设有“户曹”“司户参军”管理户籍，还有专门的户籍机构籍坊；京兆、河南、太原牧由都督和刺史负责人口的管理。

唐代的户口本也就是户籍包括哪些内容呢？从吐鲁番出土的唐代前期的户籍资料可知，包括户主及这一户其他人的姓名、年龄、田地状况等。

唐代前期，户籍的登记十分严格认真，并且十分频繁，唐代自成立到大历年间的一百五十五年间，编造过五十五次户籍，也就意味着唐代每三年就要进行一次人口普查。

唐代的户籍制度为什么这么严格呢？因为在唐代早期，国家无论是向百姓们收税、安排百姓们干活儿，还是给百姓们分土地，都是以户籍为基础的。在唐代严密的户籍制度下，农民首先“翻身把歌唱”，不再是地方贵族的附属部曲、奴婢，他们经过编户齐民成为正式的普通百姓，不再是任何一个人的附属，农民都是独立的个体，这个时候唐代实行的是均田制，田地由国家根据户籍统一分配给农民，每个人都是固定的，不能随意买卖土地。这段时期“有民则有地，有地则有民”，虽然将农民从地方豪强的压迫与掠夺中解放出来，但农民被紧紧束缚在国家分配的土地上，只能从事种植业，就算眼前有商机，农民们也不能出门闯荡。

唐代政府为了保证农民们严格遵守他们制定的户籍制度，还出台了一些法律，比如要严惩那些造假或敷衍的情况，有的百姓为了逃脱赋役，常常会虚报人口，政府严厉打击这种行为；对于诸如鳏寡孤独等弱势群体，不能自己生存，法律又要求近亲收留他们，保证他们吃饱穿暖；唐代的户籍制度还要求只要父母还健在，子女就不能分家，否则要坐三年牢，唐代鼓励的是以祖父母、父母为尊长的复合式大家庭。

严格的户籍制度限制了百姓的流动，百姓不能自由地迁徙，不能外出闯荡做生意，也不能随意出门旅游。随着经济的发展，种植业无法满足农民的生活需求，农民们也想生活过得更好，比起受罚还是生存更加重要，所以到了唐代中期，许多农民不顾国家法令，为了赚钱私自自由流动，他们当时被称为逃户，国家一开始会对这些逃户进行控制，随着逃户越来越多，国家管不住了就只好改变了政策，承认了逃户的合法性。

农民的人身限制减轻，国家不再通过户籍将百姓“按”在自家的土地上从事种植业，而采用两税法，以户为单位缴税来控制社会。大批农民从土地中解放出来，纷纷为了生计出门做生意，土地也不再是和户籍挂钩、由国家统一分配，而是变为一种商品流入市场，只要有钱就可以买地，没钱还可以卖地换钱。

有钱的农民越来越多，这些富农就算再有钱也不能像贵族一样，使佃农变这为自己的奴婢，那么有钱的富农如何享受生活、摆脱劳动呢？这些富农可以和佃农建立劳动关系，雇佣佃农为自己干活儿，大家就是雇主和雇员的关系，一个出钱、一个出力。

宋代的户籍制度根据居住地把居民户口分为乡村户和城郭户，相当于现在的农村户和城镇户；还根据居民有无不动产，把户口分为主户和客户，有不动产的乡村户为乡村主户，没有不动产的乡村户为乡村客户，客户的社会地位低于主户。此外，还会根据财产的多寡，把主户划分为不同户等。宋代的赋役和唐中后期一样，不按人口规定，而是按照财产的多寡，有钱的就多给国家交一些钱，没钱的就少交一些。

宋代的户籍档案叫作五等鼎产簿，每隔三年编造一次，与各户人口数无关，是以各户财产多寡为标准。

宋代户籍制度允许百姓自由迁移，这些流动人口在当时被称为浮客，由于宋代商业的发达，许多人都远离家乡出门做生意、谋求更好的发展，不少地方浮客数量远远高于当地的户籍人口。这些浮客迁徙到一个地方，只要能在当地落下脚居住满一年，就可以获得当地的户籍。

此外，宋代还按照职业划分兵籍、寺观户、杂户等。宋代实行募兵制，百姓一经招募就加入兵籍，且终身为兵籍，无须再入民籍，也不用缴纳赋税和服徭役；和尚尼姑们自然就属于寺观户；杂户包括各种工匠、手艺人、仆役等。

唐代社会真的很开放吗?

在唐代，人人都有做官的机会，唐代广泛吸收社会各阶层的人士参政，努力营造君臣共治的氛围，只要不是商人及商人的后代、奴婢、杂户、女性或罪犯的后代，都可以通过参加科举考试进入唐代公务员的行列。

不仅汉族人可以做官，就连少数民族和外国人也可以在唐代做官。唐代皇帝认为在政治上各少数民族和汉族是平等的，所以大量任用突厥、吐蕃等少数民族的上层人士做大唐的官员，其中不少人还担任宰相、大将军、节度使等重要职位。对于隋代不允许少数民族和外国人做官的现象，唐太宗还公然批评“隋炀帝性情好猜忌，竟然忌讳胡人做官！”据《新唐书·宰相世系表》记载“唐代宰相共 369 人，凡 98 族；而少数民族上层分子任宰相者多达 24 人，凡 15 族”《新唐书》甚至为契丹人李光弼、突骑施人哥舒翰、高句丽人高仙芝等少数民族将领立传。

如前所述，除了少数民族，来唐代做官的外国人也不少，这些人主要来自日本、朝鲜、印度、波斯等。唐代政府为了方便外国人在唐代做官，科举考试还设置了宾贡科，外国人可以通过参加科举考试顺利考上唐代的“公务员”，他们不和唐代士子竞争，宾贡科不与进士、明经等并列，而是予以区别并给予特殊照顾，外国人的考试内容比起大唐学子要更加简单容易。

唐代女性参政也很频繁，在唐代，“后宫不得干政”这句话是没用的！除了大名鼎鼎的武则天以外，还有不少例子，比如唐太宗时期，长孙皇后曾在政事上给了李世民较多协助，屡屡向太宗进谏：“忠言逆于耳而利于行，有国有家者急务，纳之则俗宁，杜之则政乱，诚愿陛下详之，则天下幸甚。”，唐太宗夺得皇位长孙皇后也有不少功劳；中宗时期，又有韦皇后参政，“（帝）每临朝，后必施帷幔坐殿上，预闻政事”。除了后妃，唐代不少公主也参与到了政事中，比如太平公主、平阳公主等，中宗时期，韦皇后的女儿安乐公主觉得自己比太子强，认为自己可以代替太子，继承皇位，所以她甚至私自请父亲废了太子，转立自己为皇太女。武则天执政的那段时期，女性参政议政的现象就更加广泛了，宫中有不少女官为武则天效力。

唐代的开放还体现在经济方面，唐代积极与各少数民族及周边各国进行贸易往来和技术交流。唐代当时国力强盛，声威远播，不少国家都来进贡，包括日本、新罗、大食、波斯、昭武九姓、拂称、天竺等；各国进贡的大多是异国的奇珍异宝、稀罕之物，唐代也用当时大唐的特产——丝绸进行了回赐。与少数民族之间，唐代开放了互市贸易，据《册府元龟》等史书记载，唐代与突厥、吐谷浑、吐蕃、回纥、渤海、契丹、奚等少数民族都建有互市关系，中原和少数民族的商人可以在互市上各取所需。唐代时期，来大唐做生意的少数民族和外国的商人络绎不绝，由于分不清他们来自哪里，所以大唐人民统称他们为“胡商”“贾胡”等，他们主要通过陆上丝绸之路和海上丝绸之路进入大唐。据相关史籍记载，“唐代时期的广州、泉州、扬州、洛阳、长安等都是胡商比较活跃的地区，其中尤以波斯、大食胡商人数最多。这些胡商在大唐卖胡饼、卖珠宝、开酒肆、放高利贷等。”

在文化上，唐代时期不再独尊儒术，除了本土宗教外，还传入了不少外来宗教，比如佛教、景教、伊斯兰教等，都能够在长安等地建立寺院传教。当时还能欣赏到不少胡乐胡舞，唐代统治者对外来的歌舞不加禁止，甚至大加鼓励，唐代在各种场合的演奏中，大部分演奏的都是西域等地的外来乐曲，这些音乐节奏明快，旋律激昂，深受热情的大唐人民喜爱，胡旋舞传入大唐之后也风靡一时。

在百姓的日常生活中处处都体现着大唐的开放，唐代人十分喜欢胡人的胡饼、毕罗等进口食品，唐代大街上有不少卖胡饼的店铺，胡饼已成为唐代百姓日常必不可少的主食之一。长安城内还有不少胡人开的酒肆，胡人酒肆里还有不少美艳的胡姬，她们不仅可以陪客，还可以表演胡人特色歌舞，李白的诗中就曾写道：“胡姬招素手，延客醉金蹲”。除此以外，唐人还特别喜欢穿胡人的衣服。上至达官贵人，下至平民布衣，无论男女，皆衣胡服。胡服已成为唐代社会的时尚潮流。而且他们不仅仅满足于将胡服的部分单品或元素融入自己的穿搭中，甚至可以整套穿着。

唐代对于女性也是十分开放不加限制的，唐代女性的穿着十分多样，盛唐时期，女子流行一种袒领服，里面不穿内衣，袒胸脯于外，唐代女性最爱低胸装和轻薄的纱裙。除了尽情展现自己的女性之美，实现穿衣自由，唐代女性还喜欢穿男装。

唐代人在男女关系方面也很开放，女子不必“大门不出、二门不迈”，她们可以在公开场合抛头露面，可以积极社交，可以自由恋爱，甚至出现了不少悍妇和妻管严。不仅贵族女子如此，平民女子也是可以随意和异性社交的。在这样开放的风气下，唐代社会女性“养男宠”、给丈夫戴“绿帽子”、违背伦理“私通”等事屡见不鲜，比如武则天、太平公主、襄阳公主等都养了不少男宠；《旧唐书》中记载太子一宾客叫许敬宗，妻子死后娶了侍女做继室，这位继母竟然和儿子私通；中宗被贬时曾与韦皇后约定“一朝见天日，誓不相禁忌”，后来韦后叫武三思入宫坐在御床上一起玩双陆棋，中宗不仅不生气，还帮他俩数钱……唐代对于女子的拘束比起其他朝代真的是少了很多。

唐代虽然依旧推行“父母之命，媒妁之言”，但自由恋爱成为夫妻的也是受法律保护的，所以唐人可以自由地追逐自己的幸福。唐代女性也可以主动向丈夫提出离婚，离婚后改嫁也不受歧视。

总之，唐代是一个开放的朝代，这是毋庸置疑的。虽然唐代仍属于封建社会，对人的自由有诸多束缚，但唐代的种种表现比起其他朝代都是更加开放的。

宋代女性真的很保守吗？

宋代是程朱理学确立的年代，很多人认为宋代女性都是在“存天理，灭人欲”“饿死事小，失节事大”等观点的熏陶下成长的。但实际上，朱熹的那些迫害女性的观点在宋代并没人理会，也没有掀起多大风浪，其实那些观点是在元、明、清时兴起的。宋代女性的开放虽然比起唐代女性要略逊一筹，但仅仅是体现在衣领不那么大了、衣服不那么薄了等方面，甚至轻薄袒胸的服装并不是不能穿，只是不再流行，宋代流传下来的一些画像上仍然有“低胸装”“轻薄纱裙”的影子，真实的宋代女性其实也是过得很自由的。

首先，宋代的女性在娘家是有财产继承权的，北宋法律明确规定“应分田宅及财物者，兄弟均分。妻家所得之财，不在分限。兄弟亡者，子承父分。其未娶妻者，别与缚财。姑姊妹在室者，减男聘财之半。”宋代女性只要还没有嫁出去，家中的财产就有一半是她的。就算是嫁出去的女性，她的嫁妆也是永远属于她的私人财产，夫家是不能用的，丈夫死了或者被休妻，宋代女性还可以带着大笔嫁妆改嫁。此外，宋代社会嫁女儿往往比娶媳妇儿花的钱多，讲究厚嫁，认为女孩子嫁妆多，在婆家才能过得有底气。

宋代的女性也并不需要从一而终、为亡夫守节，法律是允许女性改嫁的，如果丈夫不幸去世，只要为丈夫服完丧期，就可以去追逐自己的幸福了。宋代有不少女性改嫁的记载，比如狸猫换太子中的主角之一刘娥，在嫁给宋真宗前也是已经嫁过人的，后来不仅当了皇后，还垂帘听政多年。宋代的社会舆论也不会对改嫁的女子指指点点，甚至不少节妇还是改嫁过的，北宋大政治家王安石在儿子去世后，还鼓励儿媳妇早早改嫁，脱离悲伤。

著名女词人李清照不仅饱读诗书，是一位才女，同时她的词中常常描写自己宿醉的情景，甚至醉到“不知归路”，真不愧是“易安大人”，连女子夜晚醉酒都能接受，宋代对女子也是蛮包容的。前面提到唐代有不少“悍妇”和“妻管严”，宋代也不少，一些著名的历史人物，如苏轼、陆游、晏殊、沈括等，都是“妻管严”。

宋代的女性还可以上街做生意，东京城有不少茶馆、酒楼、小吃店都是女性开的，这些“女性企业家”有的还把自己的名字做成了品牌打了出去，比如“王妈妈茶肆”“李阿婆酒馆”等；类似这样的店名，在东京城内屡见不鲜。

所以说，宋代女性仅仅是穿衣审美等方面偏向于保守，但整体来说，宋代女性还没有被压迫，她们仍然具有跟唐代一样的社会地位。

唐代人和宋代人的日常称呼和现代一样吗？

唐代人对父母的称谓有许多种。日常生活中最常见的就是称呼自己的父亲为“大家”“阿爷（耶）”“爷爷”“阿翁”等，有的地方还会称呼父亲为“哥哥（歌歌）”“阿马”；所以在唐代，听到“爷爷”“哥哥”可不要以为是在称呼祖父和兄长，而是在称呼爸爸；唐代人尊称别人的父亲一般用“大人”“尊父”“尊贤”等；向别人提到自己的父亲一般称呼为“家君”“家尊”。

唐代人日常称呼自己的母亲为“老母”“阿孃（娘）”“孃孃（娘）”“内亲”等；有的地方方言口语还会称呼母亲为“阿八”“社”；尊称别人的母亲要称呼“贤母”“慈颜”“慈母”“尊大人”“母夫人”等；向别人提起自己的母亲就要谦称“母妾”。

统称父亲和母亲时，一般尊称为“尊亲”“高堂”；日常称呼为“父母”“严君”“老亲”“耶娘”。

另外，唐代小夫妻之间的称呼也有很多。妻子一般称呼自己的丈夫为“儿夫”“儿婿”“夫婿”“郎君”“良人”等；若夫妻俩很是恩爱，私下也可以亲昵地称呼丈夫为“爱婿”“儿郎”；称呼别人的丈夫要敬称一声“贵夫”；向别人提到自家的丈夫也要谦虚地称一声“狂夫”；此外，还有一个有趣的称呼——“风流婿”，“看我家那个风流婿，真是天天都不着家”。

丈夫一般称呼自己的妻子（正妻）为“阿嫂”“家人”“夫人”“娘子”“内子”“中妇”等；提到别人的妻子要尊称一声“贤夫人”“贤阁”“贤室”，以表达敬意；向别人提到自己的妻子又要谦虚地称为“拙室”等。

而妾室一般称呼为“璧妇”“璧幸”“爱姬”“爱妾”“别室”“侧室”；还有一些专指的特定称呼，“妓媵”表示姬妾、“妓妾”表示侍姬、“新宠”表示新纳的妾；称呼别人的妾室一般为“贤宠”。从对妻子和妾室的尊称还可以发现，“贤”对于古代女子真是一个评价很高的词语，古代女子毕生追求便是贤惠二字。

父母一般会亲昵地称呼子女为“爱子”“爱女”“娇儿”；称呼别人的儿子要称呼“郎”“令郎”，如“令郎最近又长高了”“令郎真真是优秀啊”等；称呼别人的女儿要称呼“贤小娘子”；称呼儿媳妇一般要称呼“新妇”“息妇”“儿妇”，如“我家那新娶的息妇真真是贤惠啊”；称呼嫡长子的妻子要称呼“家妇”，称呼其他儿子的妻子要称呼“介妇”；称呼女婿一般为“半子”（半个儿子）“女婿”“子婿”“甥郎婿”“爱婿”“良婿”等，女儿高嫁权贵的，丈人丈母娘会光荣地称呼女婿为“贵婿”。

家中的仆人一般称呼男主人为“大家”“家主”“主君”“主

父”等；称呼女主人为“娘子”“主夫人”。女性女婢一般被称为“女家人”“女奴”“女使”“婢子”“小玉”等；家中奴婢所生的子称为“家生厮儿”；男性奴仆一般称“苍头”“儿奴”“黄衣”“僮”“竖子”等。

在日常生活中称呼遇到不认识的老年男性可以称呼一声“丈人”“老丈”；老年女性要亲切称呼为“阿婆”“老夫人”；青壮年男子称呼为“郎君”；青壮年女子称呼为“娘子”；少年男女则称呼为“小郎君”“小娘子”。

以上这些称呼大部分都是民间的称呼，在皇宫中还有一些特别的称谓。

唐代上到皇宫下到臣民一般都称呼皇帝为“陛下”“大君”“大王”等，皇帝身边的侍从私下里会称呼皇帝为“大家”；皇帝一般自称“朕”“寡人”，太子也可以自称“寡人”；臣子向皇帝自称“愚称”“贱臣”等。

唐代的皇子皇女一般称呼皇后为“阿娘”或“皇后”，称呼皇帝为“阿耶”“耶耶”等，不称呼皇帝皇后为“父皇”“母后”，诸如“父皇”“皇帝”这些称呼只有在正式的书面中才可以见到，日常都不会叫得这么正儿八经；唐代的皇子为“圣子”或“大王”，唐代人是不会称呼李世民为“秦王殿下”的，“殿下”只有太子才可以被称呼；唐代尊称皇帝的女儿为“（阿）茶”“贵女”，但一般还是直接称呼封号的；皇子皇女对着皇帝一般自称“儿”而不是“儿臣”；皇后一般称呼为“皇后”“中宫”“国母”“女君”；皇帝的妃嫔一般直接称呼位分封号或“宫嫔”“娘子”“嫔嫱”“上阳家（人）”等。

宋代有许多称谓依旧延续了唐代的习惯，但还有一些“大宋特色”。

宋代的官员和百姓都尊称皇帝为“官家”或“官里”，“官家”取自“五帝官天下，三王家天下”，宋代皇帝将皇帝做成了一种“职业”，宋仁宗也说过：“百事不会，只会做官家”。

在宫中，嫔妃也会称呼皇帝为“大家”，“大家”这个称呼在唐代只有皇帝的侍从会私下这样叫，在宋代不仅嫔妃可以这样叫皇帝，王室的儿媳妇也可以这样尊称自己的公公。

宋代宫中一般称呼皇后为“圣人”，称呼嫔妃为“娘子”；皇帝的女儿一般是称呼为“公主”的，但在宋徽宗时期，改称为“帝姬”，因为宋徽宗认为公主中这个“主”字会让女子有夺权乱政的可能。宋代皇太后也会亲昵地称呼公主为“主主”；公主的夫婿驸马被称呼为“国婿”“粉侯”；宗室女“郡主”“县主”的丈夫称“郡马”“县马”。

宋代的“官家”一般亲切地称呼官员为“卿”，但官员面对比自己级别高的人只敢谦虚地自称“下官”。百姓们一般称官员为“官人”，“大人”这个称呼在唐代和宋代是用来称呼父母的，不能称呼官员，“大人！要给草民做主啊！”这句台词在唐代和宋代是万万不能出现的。权贵家的子弟往往被称呼为“衙内”或“舍人”，宰相的儿子会被称呼为“东阁”；有钱的富人会被称呼为“员外”或“承务”。

宋代的皇太后和太皇太后是不会自称“哀家”的，这是民间戏剧中才会有的称呼，她们一般自称“老身”。

宋代的皇后面对皇帝要自称“臣妾”，对皇太后要自称“予”；正式场合对群臣自称“吾”；日常生活中也会自称“我”。高位嫔妃们对皇帝往往自称“臣妾”或“妾”，低位分的只能自称“奴家”或“奴奴”；宋代的妃嫔也不会自称“本宫”而是自称“本位”。

“大夫”和“郎中”这两个称呼医生的词也是在宋代出现的，北方也会称呼医生为“衙推”；木匠被称呼为“手民”“手货”；去酒馆里买下酒菜可以称呼店小二和卖下酒菜的厨子为“茶饭量酒博士”和“博士”；店里年轻的后生可以称呼一声“大伯”；掌勺的厨师称呼“铛头”，如果是女厨师，就可以称呼“厨娘”；传菜端菜的店小二称为“行菜”。

宋代也有“跑腿小哥”，可以帮你代购、送东西，这些人称为“闲汉”；宋代的理发师男的称为“剃工”“刀镊家儿”，女师傅就要称呼“刀镊妇”；宋代的军人士兵由于都穿红色军装，所以被百姓们称为“赤老”；妓女称为“录事”或“酒纠”，妓馆里地位最高、姿色最佳的妓女称“行首”。

宋代的官员们常常称自己家中的家仆为“院子”，仆人中“管事的”称“内知”，年轻的女使可以称“丫头”。奴仆们一般称呼男主人为“郎君”，女主人为“娘子”；年纪大、资历深的仆人一般自称“老奴”，称呼年轻的主人为“小郎君”“小娘子”。宫中的女官有品级的会自称“妾”，没品级的自称“奴婢”；宫中的宦官有品级的自称“臣”，没品级的自称“小的”。

宋代从皇宫到民间的称呼都更加亲民，子女们不再用文绉绉、充满敬意的称谓称呼父母，反之称呼父亲为“爹爹”“爹”，称呼母亲为“妈”“妈妈”，宫中会称呼母亲为“娘娘”；长辈会称呼子女为“哥”“姐”。皇子、皇女们平时都称呼皇帝为“爹爹”，只有正式场合会称呼“陛下”，称呼皇后为“嬢嬢”“娘娘”，妃嫔的孩子则称呼自己的生母为“姐姐”。皇子们会被尊称为“大王”，比如“三大王”，这一点和唐代一致，“殿下”同样也只用于太子殿下。在宫中往往还会亲昵地称呼皇子皇女为“某哥”“某姐”，某为他们的排行，但这里的“哥”“姐”没有大小的区分，就算是大哥哥叫三弟弟依旧是“三哥”。

宋代夫妻间，丈夫称呼妻子为“娘子”“老婆”“老伴”“浑家”；妻子常常称丈夫为“官人”“郎”。“老爷”这个称呼是官宦人家妻子对丈夫专有的称呼。夫妻双方的长辈互称“亲家”“亲家公”“亲家母”。女婿一般称呼岳父为“丈人”“泰山”，称呼岳母为“丈母”“泰水”；儿媳妇称呼公公婆婆为“阿舅”“阿婆”。

宋代士人之间相互交往最喜欢用排行称呼对方，比如“五秀才”“五相公”“十三”“黄九”等。宋代士大夫们以被人按行第称呼为荣。陆游说过：“今吴人子弟稍长，便不欲人呼其小名，虽尊若亦行第呼之矣。”

宋代许多普通人家的女儿并没有大名，常常称呼“阿某”，某即她的姓氏，比如“阿李”“阿张”；家中一般按排行称“某娘子”或“某小娘子”；宋代诸如“张三娘”“郑四娘”等称呼非常多，像李清照那样有名有字的女子，都是出生有权有势人家的小姐。宋代的女性往往自称“奴”“奴家”，也代表了从宋代开始，女性地位逐渐降低。

值得一提的是，在宋代，“相公”是不能用于小夫妻间的称呼，只有当代宰相才被尊称为“相公”；而且对于老年男子不能随意叫“老汉”“汉子”，这是带着蔑视意味的称呼。

唐代人和宋代人说的话现在的人能听懂吗？

有人可能会问，唐代的都城是长安，也就是今天的西安，那么唐代人讲的是陕西话吗？宋代的都城是东京开封府，也就是今天的河南开封，那么宋代人说的是河南话吗？答案如何，让我们往下看。

首先可以明确的是，唐代人和宋代人说的话和咱们现在的话是不一样的，也并不是今天的陕西话或河南话。唐代人和宋代人说的话叫作“中古语音”，和咱们现在的普通话差别很大。我们用普通话读唐诗有时候也会遇到不押韵的情况，这就是唐代话和现代话区别的体现之一，比如唐代陈子昂的《登幽州台歌》

前不见古人，后不见来者。
念天地之悠悠，独怆然而涕下。

我们就能明显发现“者”和“下”两个尾字并不完全押韵，

在唐代的时候“者”还不读 zhě，“下”也不读 xià。

查阅唐代的史料，唐代对于当时的“普通话”也做了一定的规定，这是一种综合了“洛阳口音”和“金陵口音”的语言，听起来有一些像现在的广东客家话，但也不是完全一样。现在有不少语言学家尝试还原了唐代的发音，这里用李白的大作《早发白帝城》来感受一下唐代人是如何说话的：

早发白帝城（走 fo 把地曾）
朝辞白帝彩云间（邹字拔地彩文缸）
千里江陵一日还（千里缸连应因王）
两岸猿声啼不住（廖岸园森 dei 服足）
轻舟已过万重山（kin 走以瓜莽从三）

如此看来，是不是还挺有趣的？那我们再来举一个例子，看看杜甫的《登高》读起来是什么样子：

登高（单勾）
风急天高猿啸哀（风给天勾元肖哀）
渚清沙白鸟飞回（组参萨白吊飞崴）
无边落木萧萧下（目边落 mu 潇潇亚）
不尽长江滚滚来（不 zen 脚高滚滚来）
万里悲秋常作客（蛮立逼秋 yo 做卡）
百年多病独登台（把年多 biang 窦登 dai）
艰难苦恨繁霜鬓（缸南苦恩 van 搜笨）
潦倒新停浊酒杯（六窦森店走酒掰）

标注的可能不是完全准确，但大致就是这样的读音。

宋代和唐代的语言同属于中古汉语，所以大致是一样的，但是百里不同音，各个地方还是有一定的区别的，毕竟直到现在还存在着各种不同的方言！

唐代人和宋代人如何洗澡？他们刷牙吗？

古代人的沐浴可不是单单指洗澡，在古代沐浴洗澡分别指四项工作："沐"是洗头发，"浴"是洗身体，"洗"是洗脚，"澡"是洗澡。

对于古人来说，一生中有三次洗澡是最重要的，分别是"诞育礼沐浴""婚礼沐浴""丧葬礼沐浴"，出生、结婚和死亡乃人生三大大事。

早在秦汉时期，古人就十分注重自己的仪表的整洁和体肤的洁净，官员有休沐制度，也就是官员上几天班就要放假一天，让官员们回家休息沐浴。唐代实行"十日一休沐"，也就是朝廷官员每上十天班就可以回家休息洗浴一天。

唐代人很重视洗澡，他们已经认识到洗澡不仅能够使自己的身体干净清爽还可以减少生病的可能。唐代人除了浴盆，还有比较先进的浴池，一开始大部分都是露天的，从周围的河流引来清水，洗完澡之后的污水可以通过排水系统排出；后来唐代的富贵人家在室内也修了不少华丽且先进的浴池，比如唐玄宗为杨贵妃修建的华清池。

唐代人还很流行泡温泉，最初温泉这种好东西只有温泉周围的百姓可以享受，后来成了皇室贵族阶级的专属。温泉洗浴被贵族和官员垄断，普通民众无法享受，只能在家中用浴盆洗浴。

古人没有沐浴露和洗发水，那么他们洗澡只有清水吗？当然不是，聪明的古人已经开始采用天然产品洗澡，不仅能够去污，还能使身体香喷喷的。比如，淘米水在古代叫作潘，是那时候的洗发水，加热之后用来洗头，既可以去污，又可以使头发柔顺；皂角是一款全能清洁产品，既能洗身体、洗头发，还能洗衣服；还有香薰草药、兰草、白芷等拿来泡澡，既能养生，又可以伪造体香美人；桃皮，也就是削去桃茎的树皮，有提神醒脑、驱逐疮虫的功效……

宋代人同样喜欢洗澡和泡温泉，宋代百姓的生活质量随着宋代商业的发达愈加提高，宋代百姓十分会享受生活，更加重视身体的干净和健康，甚至有不少人有了洁癖，每天不洗澡就不吃饭。

东京和临安还出现了不少公共浴室公共澡堂，这些公共浴室和现在的洗浴中心一样，不仅能够洗澡，还提供茶水服务、搓背服务、按摩服务，宋代的百姓下班之后可以去公共浴室洗一个舒服的温泉澡，喝点儿茶、吃点儿糕点，再叫个师傅来个大宋朝式的按摩，可谓惬意无比。宋代的洗浴有多么普遍呢？各个场所几乎都有浴室，就算是锒铛入狱的贼人，或是吃不饱饭的难民，都可以在监狱和难民救助机构沐浴洗澡。

宋代的洗浴产品比起唐代更加丰富多样，有植物产品、动物产品、植物动物混合产品，并且针对不同的部位、不用功效，推出面部产品、头部产品、身体产品。头部产品分别具有促使头发生长、乌黑，滋润头皮，治疗头风、头皮瘙痒、头皮白秃，去除头屑，有效地补充头发所需营养等功效；用于手面的沐浴用品多调整面部肌肤平衡，改善肌肤黯黑，滋润皮肤，令肌肤悦泽焕彩，且可以防治皮肤粗糙、皱纹、干皴等功效；用于身体的沐浴用品具有令身体生香，治疗隐疹、疥癣、恶疮、毒疮、瘙痒等皮肤病，治疗寒热邪气入侵、热疾、风疾，以及小儿胎肥、胎热、胎怯、惊忤等疾病的功效。比起咱们现代的产品真是毫不逊色！

住在京城的人又干净又有洗浴条件，那么没有洗浴条件的农民们如何保持头发的整洁呢？古人的头发又多又长，如果不能及时清洁，油头不说，岂不是会长满虱子？聪明的古代人有一种工具叫作梳篦，也叫篦子，像是一种齿特别密的梳子，古人用篦子梳头发，可以把头上的油脂、灰尘、虱子等统统刮下来，以保证头发的干净。梳篦不仅可以干洗头发，还可以作为精美的头饰别在头发上。

说完了唐代人和宋代人的洗澡，那么唐代人和宋代人刷牙吗？答案是肯定的，早在商代，那时的人们就开始注重口腔健康了。古代人十分重视漱口，他们认为早上起床、每顿餐后以及睡觉前都要漱口，这样才能使牙齿健康不受牙病困扰，毕竟

“牙疼不是病，疼起来真要命”，要想保命，只能早日注重牙齿健康。

古人最早只是用清水漱口，后来开始用盐水、浓茶、酒代替清水，这就是最早的“功效型漱口水”，盐水可以消毒、使口齿绵密，浓茶可以解腻、杀菌、利于脾胃，酒可以杀菌抗菌、保持牙齿健康，还有一些中药也被用来漱口保持牙齿清洁和口腔健康。

除了单纯的漱口，在牙刷出现之前古人都是采用揩齿法清洁牙齿，包括用手指、用揩齿巾，以及用晨嚼齿木。唐代人每日已经普遍使用揩齿巾清洁牙齿，使用方法就是用手指缠裹揩齿巾来擦拭牙齿。到了唐代后期，还出现了唐代牙膏——揩齿药。

那么牙刷是什么时候出现的呢？至少在唐代末年，人们就已经开始使用植毛牙刷，到了宋代，人们已经开始广泛使用牙刷。那时候的牙刷一般都是用骨头、角、木头或竹子做手柄，钻两行小孔，把刷毛种植上去，刷毛一般是用马尾制成的。最早的牙刷不叫牙刷，而是叫刷牙、“刷牙子”。

宋代大街上还有专门制作和售卖牙刷的店铺，如《梦粱录》卷十三“铺席”条记载都城临安街市店铺林立，其中有“凌家刷牙铺”“傅官人刷牙铺”等，这说明在宋代，大家已经广泛使用牙刷清洁牙齿。

宋代的“牙膏”也比唐代的种类更加齐全。宋代人不仅使用牙粉，还使用草药煎成膏，制成的牙膏，它们的成分一般是柳枝、槐枝、桑枝、姜汁、芍药末等。

唐代和宋代的厕所是什么样子?

厕所在夏商周及秦汉时期已经得到了很好的发展，唐宋时期的厕所继承了前代经验，在秦汉时期先人的智慧下，建在户外的蹲厕已经有了脚踏、扶手、天窗、排气孔、蓄粪池，并且已经开始男女分厕。

那时候的厕所一般与猪圈相连，上面是厕所、下面是猪圈，在如厕的同时达到了饲养家畜和积肥的效果，所以在唐代或宋代上厕所，一低头就能看到下面的猪。下面养的猪吃什么大家意会就好，所以那时候的人们不怎么愿意吃猪肉，吃猪肉甚至被作为一种对奴仆的惩罚。

后来人们可能是觉得蹲着腿麻并且冬天冻屁股，慢慢又出现了便器。在唐代以前，上厕所的便器被称作虎子，类似于现在的马桶，但这个东西竟然和唐高祖李渊的爷爷李虎撞了名讳，于是便器就改名为马子。马子在唐代得到了迅速地发展，到了宋代，已经成为各家各户必不可少的物品，市场中也有专门售卖马子的商户，市民家中逐渐也没有坑厕，大家都用起了马桶。

马子中的污物要清扫，但不能随意乱倒，唐代法律规定可以往院外倒水，但不可以排倒脏污，于是慢慢地就演化出了一个新的职业叫作倾脚头，他们负责清扫便溺，这项职业虽然听起来有些不雅，但是收入是非常可观的。

江浙地区的百姓自古就有商业头脑，他们发现了便溺的妙用，开始将便溺应用于农作物施肥，效果十分好，这一妙用逐渐被推广起来。但一家的便溺无法满足大片的农田，便溺逐渐开始买卖，城市中的便溺可以卖到乡村用来施肥。

精致的宫廷贵族就连上厕所也要精致起来，于是便出现了各种精美的陶瓷马子，上面还可以刻画装饰各种吉祥的纹样饰物，简直堪称艺术品，上厕所就像是参观了一件展品。不仅如此，这些贵族们上厕所时屁股底下一般要坐柔软舒适的垫子，下面接排泄物的器具也通常是一次性的，里面还有草木灰、木屑之类的东西，粪便一下去就被包裹住了，一点也不臭。这些贵族在上厕所时还会在旁边焚香，周围还会有一群伺候的侍女。

唐宋时期算是一个如厕后清洁物品的转型升级时期，在唐宋之前的人们上完厕所是没有厕纸的，如厕之后只能用木头或竹子做的厕筹进行清洁，厕筹的样子和竹简很像，并且大部分情况下厕筹是共用的。

到了唐宋时期，造纸的成本逐渐开始下降，有钱人家和寺院慢慢开始用粗纸解决如厕后的卫生问题，但绝大多数普通百姓仍然用厕筹。值得一提的是，为了防止有人撕书擦屁股，寺院规定不得使用带字体的纸作为厕纸。文人们也不愿意用厕纸，他们认为“纸这么神圣的东西是用来写字的，怎么可以用来擦污秽之物呢？”所以整体来说，唐代和宋代是一个厕筹和厕纸共用的时代。

宫中的皇帝后妃及贵族们就不用担心这个问题了，他们一直都比较讲究，他们会用绸缎解决如厕后的卫生问题，并且用一次就丢弃，极为奢侈！

那么，唐代和宋代的女孩子“那几天”怎么办呢？首先要明确的是，在古代，女性的月经是被视为污秽之物，人们往往认为女性的经血与血光之灾有关，一般都要避讳月经，一般称月经为“信水”“经水”“月水”，要求男性要回避经期的女性，否则经血里不祥的力量会损害男子的阳刚之气，给男子带来各种疾病。这些观点现在看来甚是可笑，但对于古代人来说可是深信不疑。

传统汉族人认为，来月经的女性不能去寺庙烧香，因为此时她的身体是不祥、不洁的；月经期间的女子也不能经过灶前，会冲撞灶神；经期女子不能进产房，不能参加婚嫁之事，不能触碰男人的衣物等，这都被视为不吉利。

古代女子来月经是没有现在这些方便而卫生的卫生巾、卫生棉条等，古代女子“那几天”用的都是卫生带，也叫月事带、月布，是将草木灰或棉花装进布条里，用细线系在腰间。棉花也是有钱人家不用劳动的女子才会用的，毕竟棉花又昂贵、吸水能力又不如草木灰，所以普通人家的女性还是更普遍使用草木灰。

卫生带也并不是一次性的，更换下来之后倒掉里面已经吸满污物的草木灰，再用清水和皂葛将布条清洗干净，等到风干了再循环使用。

等到唐宋后期粗纸普遍使用后，有钱人家也会使用草纸夹在卫生带中，这算是唐宋时期最为先进的女性卫生产品。卫生带也不像现在的卫生巾一样随处可以买到，大部分都是自己做的，手巧的女性还可以把月经带做得很是精致。

所以，在包括唐宋时期在内的古代，女孩子那几天都不是很好过，卫生用品既不方便也不卫生，并且禁忌众多，人人对来月经的女子都是诸多避讳，所以那几天还是待在家里为好！

唐代和宋代的平民女子过得怎么样？

可能有人会问了，前面讲的都是唐代和宋代贵族女子和有钱人家女子的生活，那么普通百姓家的平民女子过得怎么样呢？她们平时过得都是什么样的生活？

唐代和宋代的女性在“男主外、女主内”的社会分工下，首先要做好家务事，上层人家的家务事往往会由下人来负责，上层人家的女子大部分只要管好家、照顾好丈夫子女、服侍好公婆就好，而平民女子还要负责家中的一部分劳动，比如每日都要进行纺织，虽然上层女子一般是把纺织、养蚕这一类活动当作一种日常爱好，但平民女性家中是没有经济保障的，家中的人能否吃饱穿暖她们也是要出力的。

有人也许有要问了，平民人家一家才有几口人，为什么要每天都纺织呢？平民女子织的布并不是全部都可以供自己家人享用，有很大一部分都要以税收的形式上缴给国家，还有一部分可以拿到市场上卖给有钱人家换取收入。

除了要做针线活，平民人家可请不起专门的厨子和洒扫侍女，做饭、洒扫这一类工作也是落在女性的头上，勤劳的女性每天要为自己的丈夫、子女按时做饭，还要将家中收拾得干净亮堂。有的人家男丁不足，女子不仅要做家务事，还要做养鸡、养猪、打水这一类的体力活。

在家中家务事的空余时间，唐代的平民女子也是事业型女子，她们会在相夫教子和家务事之余出门从事劳动，她们可以干的工作也很多，比如说手巧的女子可以做织布女、绣娘、裁缝，不怕辛苦的女子可以去浣纱、洗衣、采莲、采桑、划船荡舟等。

宋代的女子可以干的活儿就更多了，宋代商业发展迅速，所以宋代的私人作坊相当多，所以宋代的女子还可以去私人作坊中帮别人纺织、制衣、制首饰等获得工钱；手艺特别优秀的还可以自己出去单干，去市场上摆个小摊卖自己制作的精美饰物，宋代每到相国寺万姓交易时，就会出现“两廊皆诸寺师姑卖绣作、领抹、花朵、珠翠、头面、生色销金花样幞头、帽子、特髻冠子、条线之类”的场景。

宋代有不少女性还成了女性企业家，涵盖茶肆、药肆、肉店、饭店等各种行业，东京城上有不少店铺都是女性开的，并且把自己的名字作为品牌打了出去，比如《东京梦华录》里记载到的店铺有：“曹婆婆肉铺”“丑婆婆药铺”“王小姑酒店”等，《梦粱录》里记载到的店铺有：“王妈妈家茶肆名一窟鬼茶坊”“朱五嫂鱼羹”等，都是平民女性的“创业成果”。

唐代和宋代的平民女性还会从事一些传统的服务行业，比如三姑六婆，即尼姑、道姑、卦姑、牙婆、媒婆、师婆、虔婆、药婆、稳婆。尼姑就是佛教出家的女性；道姑就是道教的女道士；卦姑是专门给人算命或卜卦的妇人；牙婆介绍人口买卖以从中牟利的中介；师婆是女巫；虔婆是青楼的老鸨；药婆是给人治病的女性；稳婆是接生的女性。像是产婆、乳婆、稳婆如果干得好了可是十分受上层阶级重用的，帮上层人家顺利接生一个男娃或是作为乳母奶大一个娃娃都是能得很多赏钱的，一大家子也就吃穿不愁了。

平民女子穿衣打扮就没有贵族女子那么华丽了，他们最普遍的穿搭是布裙荆钗，这里的布裙也不是咱们现在穿的用棉花制成的布，而是麻布、葛布之类的粗布，在唐代，棉花织的布可是上等布料，当时称为桂布，只有有钱人家才用得起。平民女性们因为要劳动，衣服要轻便、简单一些，如果都穿贵族女子那样又宽大又拖地的裙子，还没等干活儿呢，就被裙子绊倒了。

唐代和宋代的平民女子其实是很辛苦的，每天要干大量的活，所以她们大部分也没时间打扮，当然，也不会被限制在家不能出门。唐代的赋税和劳役对于平民来说是很沉重的，租庸调虽都以男丁为征缴对象，但除租之外， 调和输庸代役的规定都与小农经济中负责纺纱织布的女性有关，女性也要撑起家中的半边天，为了帮助家中的父亲、兄弟、丈夫免除劳役，就要努力辛勤织布。所以说唐代的女性一方面社会地位得到了很大的提升，另一方面也在家务外增加了许多繁重的劳动。

唐代和宋代的女性如何取名字？

古代女性的名字往往不会被记录下来，甚至有不少女性的名字，打眼一看就是胡乱取的。那么，唐代和宋代女性的名字都是什么风格呢？是否都是文绉绉且有内涵的名字？仅从现有史料笔记中的寥寥数语可辨一二。

唐代女性的社会地位比起以往的任何朝代都是比较高的，虽然留下姓名记载的女子很少，但是唐代的女性不少都不仅拥有小名、乳名，甚至还有大名和字、号。

几乎所有的女孩子在小的时候就会拥有一个小字，也就是乳名，父母给孩子起小字主要是为了方便呼唤，所以大部分没有什么内涵，仅仅是亲切、顺口而已。

第一种流行的小字是叠字名，在部分史料中我们能看到诸如“娇娇”“管管”“令令”一类的叠字名。“娇娇”这个名字的保鲜期真是长，从古至今都是热门小名。第二种流行的小名是“某娘”，比如唐玄宗的女儿寿安公主的小名叫作“虫娘”，还有“桂娘”“复娘”等。第三种流行的小名也是古今通用的，即“小字辈”，如“小红”“小绿”“小糯米”。第四种流行的小名是“阿字辈”小名，这类小名现在在南方地区也是十分常见的，比如“阿八”“阿陈”。第五种比较特别，现在不少重男轻女的地方也会这样给女孩子起名字，寄托了盼望儿子的感情，唐代人取这类名字不像现在人起的“招娣”“亚男”那般委婉，他们会给家中的女孩儿直接取名为“住子”“盼子”“引子”等。

说完了小名，唐代女性的大名又是如何取的呢？有的会把小名拿来接着当大名用，有的会重新取。唐代女子大名选用的字许多都是和女子道德相关的，比如“则”“内仪”“贞”“淑”“守规”等；有的会按照排行取名，比如孙二娘、崔十一娘等；还有的大名也会取叠字、“阿”字打头，或是“儿”字后缀的名字，比如“玉儿”“香儿”“阿欢”“秀秀”等。

“奴”在古代属于女子的谦称，所以不少女子也会以“奴”字取名，比如“阿奴”“念奴”“秀奴”等；“师”这个字在唐代无论男女都十分流行用在名字中，比如，“都师”“顶师”等。

唐代女性取名还有一个偏好就是选取与佛教有关的名词，取的名字和法号有些相似，比如佛教经文中的“金刚”“华严”“光赞”；佛教圣地名称“檀特”“毗耶梨”；佛教神祇名“曼殊”“弥勒”；佛教杂语“无量”“未曾有”“清净心”“功德山”等名字都是唐代女性的热门取名选词。

宋代女性的名字涉及地不如唐代那样广泛，在取名选字上更偏向于描述女性的“柔”和从属地位或是对女性外表和内在品德的期盼和赞美。宋代女性留下姓名的不多，像是李清照那样有名有姓有字有号的就更少了。在现有的历史资料中，我们也能对宋代女性取名的流行趋势得到一定的了解。

宋代女性起名比较侧重于带“女”字偏旁的那些字，比如“娘”“娥”“娇”“媚”“奴”等都是宋代女性取名的常用字，尤其是“娘”是最为广泛的，因为宋代习惯于称呼年轻女子为“娘”，所以以“某娘”命名可以说是宋代最普遍的女性姓名。

宋代人和唐代人一样，也是喜欢用叠字作为女性的姓名，不过宋代人更偏向于“莺莺”“燕燕”“巧巧”“袅袅”这些能凸显女性柔美的字。还有一些夸赞女性外貌或德行的字，比如“柔”“静”“淑”，或是一些花花草草，比如“香云”“若兰”等也是宋代女子取名的热门字眼。

但宋代女性绝大多数都是没有名字的，她们大多都在家从父、出家随夫，被以“某人女”或“某人妻”称呼。

宋代女性取名还有一个和唐代相似的点，那就是“奴”这个谦卑的字，依旧广泛用于女子取名，在嫔妃和婢妾中尤其多，比如宋徽宗的嫔妃有近二十人以“奴”为名，比如“三宝奴”“红奴”“月奴”“金奴”“阿奴”“星奴”“富奴”“娇奴”“元奴”“香奴”“小奴”等。

唐代和宋代的女性有哪些娱乐活动?

有人可能会问，古代的女子不能像现在一样上班，只能待在家中管管家、养养孩子、照顾照顾夫君，那么她们的闲暇时间如何打发呢？其实，唐代和宋代的女孩子们日常的娱乐活动也是很多的。

唐代和宋代对于女性是开放且包容的，不仅允许女子随意抛头露面、外出社交，还引进了许多外来的娱乐项目供女性消遣，她们可以约上姐妹、妯娌一起去踏青、散步、她们可以去运动场运动强健身体，可以坐在一起赌钱、下棋……

喜欢剧烈运动的唐代女子可以踢足球。唐代将足球称为蹴鞠，是用八片皮革缝制而成，是今天足球的前身。唐代的蹴鞠有多种玩儿法，其中有一种和现在的足球近乎一模一样，也就是两队各站一边，要在激烈的对抗中相互把球踢进对方的球门中，进球数多的一方获胜。唐代人玩儿蹴鞠还有一些别的玩儿法，只有一个球门也可以玩儿蹴鞠，球门要放在场地中间，双方队员要站在球门两侧，这种玩儿法要将球踢到对方的场地中，依旧是得分多的一方获胜；第三种玩儿法是花式玩儿法，从一个人到十八个人都可以玩儿，共有十种踢法，要求一人独踢，用头、肩、背、臀、胸、腹、膝等身体部位支配球，选手们轮流表演，花样多的就算获胜。蹴鞠是唐代一项十分流行的运动，男女老少都可以上场踢一踢，就连唐代的皇帝都很喜欢这项运动。

如果一些柔弱的淑女觉得蹴鞠强度太大，还有强度比较小的玩儿法——白打球，这种玩儿法不需要球门，两个人或多个人都可以玩儿，大家相互传踢，十分轻松愉快，是唐代宫中的女子最喜欢玩儿法，获胜者还可以获得赏钱，所以这种玩儿法又称白打钱。

唐代女性还喜欢打马球。马球一般是木制的，大小似拳头；球杆一般很长，一头是月牙形，有些像现在的冰球棍。马球的游戏规则是，骑在马上持着球杆击球，打进球门者则为胜利。唐代从民间到皇宫都非常喜欢马球这项运动，据史料记载，宫内 120 米长、50 米宽的大马球场足足有好几处。唐代的女性不仅能够在马上策马奔腾打马球，还打出了许多花样，比如背身打球、站立在马上打球等，想想就觉得英姿飒爽。

马球这项运动这么激烈，还得先练好马术才能玩儿，那么不会骑马的女孩子怎么办？为了满足这些女孩子打马球的需求，还有一种低强度的改良版马球，即驴鞠，女孩子不会骑马不要紧，咱可以骑驴啊，驴较为温顺，且速度较慢，这样女孩子既可以享受打马球的乐趣，又不用担心受伤。另外，低强度的改良马球除了驴鞠，还有步打球，顾名思义就是既不骑马，也不骑驴，而是徒步打球，有一些类似于今天的曲棍球。

如果不是运动爱好者，就喜欢宅在家中，唐代还有一些供宅女玩儿的游戏。比如说掷骰子，唐代宫廷嫔妃十分喜欢这个游戏，开元年间宫中曾经戏称骰子为“挫角媒人”，因为嫔妃们玩儿得上了瘾，甚至通过掷骰子来决定今天晚上谁侍寝，能把宝贵的侍寝机会当作赌注，可见唐代女性是真的很爱玩儿掷骰子啊。

还有一种高级骰子叫作樗蒲，也作摴蒲，又名掷卢、呼卢、五木，这种游戏类似于骰子，但比骰子的玩儿法更加复杂，主要靠运气取胜，樗蒲的用具起初有盘、杯、马、矢四种。盘是棋秤，杯是后代骰盆的前身，马是棋子，矢即五木，是五枚掷具（初由樗木制成，故称樗蒲）。这项游戏的规则比较复杂，《唐国史补》卷下《叙古樗蒲法》有记载：

> 洛阳令崔师本，又好为古之樗蒱。其法：三分其子，三百六十，限以二关，人执六马，其骰五枚，分上为黑，下为白。黑者刻二为犊，白者刻二为雉。掷之全黑者为卢，其采十六；二雉三黑为雉，其采十四；二犊三白为犊，其采十；全白为白，其采八。四者贵采也。开为十二，塞为十一，塔为五，秃为四，撅为三，枭为二。六者杂采也。贵采得连掷，得打马，得过关，余采则否。新加进九退六两采。

如果掷得全黑就是头彩，唐代女子们闲暇时常常玩儿这种游戏。

还有一种棋就是前面讲唐代开放风气时提到的韦皇后和武三思一起玩儿的双陆棋，双陆棋的棋子称作马，黑白各十五枚，两人相搏，掷骰子按点行棋。

如果不想玩儿这些靠运气取胜的游戏，还有一项比较有技术含量的娱乐项目叫作投壶，以盛酒的壶口作标，在一定的距离内投矢，以投入多少计筹决胜负，负者罚酒。投壶讲究稳、准、狠。投壶是宴会上最热门的游戏，唐代的投壶规则大致为：必须将矢的前端投入壶内才算投中，宾主双方要轮流投矢，一方不得连续投，每人四支矢，每投中一矢可得一“算”，四矢全部投完称为一局，得“算”多者可得一“马”。如果一局当中双方均未能投中，则称为“败壶”，败壶就要从头再来，一般一共要进行三局，得马多者为胜，获胜者要罚失败者喝酒。

平日里女性随身都带有零花钱，有一种博彩游戏叫作簸钱，簸钱又称打钱、掷钱、摊钱，参与者先持钱在手中颠簸，然后掷在台阶或地上，依次摊平，以钱正反面的多寡决定胜负。这是一款十分适合消磨时间的游戏，规则简单，随时随地都可以玩儿。有趣的是，唐代嫔妃们也用这个游戏决定过晚上谁侍寝，据《开元天宝遗事》“投钱赌寝”条云：“明皇未得妃子，宫中嫔妃辈投金钱赌侍帝寝，以亲者为胜。召入妃子，遂罢此戏。”意为，在杨贵妃进宫之前，唐玄宗的妃嫔们都是通过簸钱来决定夜晚谁侍寝，直到杨贵妃进宫，得到了唐玄宗的专宠，妃嫔们就不再用这样的方式了。

古代才女的标准有一条是“琴棋书画样样精通”，棋不仅是一项必会技能，同时也是一种消磨时间、陶冶性情的游戏，唐代一般下的是围棋，并且对于女子下棋的技术很是重视，在宫廷中还专门设有一个机构负责教宫中的女子们下棋。前面提到过，唐代女性喜欢女扮男装，但他们女扮男装不满足于只是为了方便出门或是作为一种穿搭时尚，她们还玩儿出了花样，唐代女性开发了一种游戏叫作拜尚书，大概是类似于现在的角色扮演游戏。

宋代女性的日常生活也是很丰富的，唐代女性爱玩儿的蹴鞠、马球在宋代仍然深受女性喜爱。

宋代的蹴鞠比起唐代更加发扬光大，甚至成了国球，唐代女性玩儿蹴鞠常常要等到寒食节等专门的节日，而宋代的女子随时都可以玩儿，宋代宫廷成立了女子蹴鞠队，宋代民间也有蹴鞠社团。宋代的马球也有专门的“国家队”，宋徽宗时期，以宫廷女子马球队技艺最高，逢年过节还会给百姓们来一场“表演赛”。

宋代女性闲暇时还会玩儿扑克牌，当时是叫叶子戏，宋代的叶子戏有两种，一种是喝酒玩儿的，一种是专门赌博用的，一种发展成为骨牌，即牌九的前身，另一种发展成为打马牌，宋代女性玩儿的一般都是打马牌，许多人甚至嗜赌成性，只要闲了就要坐在牌桌子上。

唐代人爱玩儿的投壶在宋代更是发扬光大，出现了更多的规则玩儿法，小时候砸缸的那个司马光长大后可是一位名相，他对投壶的规则做了一定修改并确定下来，第一箭入壶者称有初、第二箭连中称连中、投入壶耳者称贯耳、第一箭不入壶，第二箭起投入者称散箭、箭箭都中者称全壶、末箭入壶者称有终、投入壶中之箭反跃出来，接着又投入中者称骁箭等，投壶在宋代已经是一项贵族爱玩儿、平民也爱玩儿，以娱乐型为主，兼有社交性的雅俗共赏的体育娱乐项目。此外，宋代女性还爱玩儿九连环等益智游戏。

这样看来，唐代宋代的女性日常生活也并不是很无聊，也是有娱乐项目的，虽然不如 Wi-Fi 和智能手机，但比起不能出门只能在家绣花的那些朝代女孩子已经很幸福了！

【蹴鞠图】

唐代和宋代的老人如何养老？有养老院吗？

在介绍这个问题前，咱们首先要明确在唐代和宋代多大年龄才算是进入了老人这个行列，唐代和宋代对于老人年龄的规定经历了多次变化，但总体来说，大多规定是五六十岁为老年人，所以大概五十岁以上就算进入了老年阶段。

唐代和宋代养老最主要的方式还是家庭养老，和现在的观念一样，老话说“养儿防老”这一老话流传了几千年。家庭养老即子女对父母的赡养，父母老了之后，子女要无条件地承担起奉养父母的责任。对于没有子女的老人，唐代和宋代的法律也为他们做好了打算，最佳方案是由近亲收养；如果连近亲都没有的老人，就要由乡里乡亲负责他的养老。

唐宋时期子女对父母的赡养主要表现在“事亲笃孝，父母有疾，精心赡养和侍奉父母”，唐代和宋代的子女在父母生病时，常常要衣不解带地彻夜照料；许多人为了照顾父母，还要辞了官专职照料……这些特别孝顺的人，不仅会得到乡里乡亲的夸赞，还会受到朝廷和地方政府的表扬和奖励。

唐代和宋代对父母的赡养还流行一种“毁伤自己身体以救亲”的行为，在父母生病时，常常会有割自己的肉入药的行为，这在当时叫作割肉疗亲。史料中有记载的割肉疗亲并受到政府嘉奖的是唐代的王友贞，其“剔股以进，母疾愈”，大家一看割肉疗亲既能使父母恢复健康，又能得到褒奖，便纷纷效仿所以从唐代开始，割肉疗亲的风气开始盛行。韩愈曾经写过一篇文章强烈抨击这种行为，但也挡不住“大孝子们”的孝心，社会中依然是以这种行为为荣，对于批评之声全然不进耳朵。到了宋代，这种风气愈演愈烈，那位“存天理，灭人欲”的理学大儒朱熹又发话了：“今人割股救亲，其事虽不中节，其心发之甚善，人皆以为美。”另一位理学家真德秀也说：“割股者孝心诚切，实有可嘉。”大儒都这么说了，拥护理学的读书人们便纷纷写文、创作戏曲歌颂这种行为。不仅思想界赞成这种行为，宋代的统治者也大力褒赏这些所谓的“大孝子”，《宋史》中记载了一位叫作郑千义的保定人，他母亲生病久久不愈，他便割了大腿肉入药，可惜母亲没有好转，他觉得可能是诚心不够，于是又割肝疗亲，母亲终于痊愈了。他的孝举不仅得到了当地官员的赞赏，还把他所在的乡改为“孝行乡”，自己的家乡因为自己改了名字，这是多大的面子啊！

除了家庭养老，唐宋时期还有社会养老来保障无依无靠的老年人。唐代最主要的社会救助机构叫作悲田养病坊，是专门收容贫穷患病、老而无依、乞丐、孤儿的综合性社会机构，无依无靠的老人就可以住到这里去。唐代政府十分重视这样的机构，除了洛阳、长安地区，全国各地都有建立，算是一个普遍存在的社会救助机构。北宋前期，京师开封设置福田院，专门收容“廪老疾孤穷丐者”，一开始只有东西两家福田院，规模很小，只能容纳一部分弱者；到了宋英宗时期，福田院又扩大了规模，增设了南北两家，由政府提供专项资金支持，每月还有官员定期巡视；后来又增设了“居养院”“安济坊”，同样是用来收养鳏寡孤独的老人，以绝户财产充当经费。除此以外，宋代还有广惠仓，其表面是一个仓库，但是也具有救助城中老幼贫民的功能。

唐代和宋代的朝廷还会不时地给老人或赡养老人的子孙赐衣物、布料、粮食等，还会对典型的“孝义之家”和年纪大的老人进行赏赐，以鼓励全社会养老、敬老的风尚，所以在古代那个人均年龄不高的时代，活得越久越值！有趣的是，唐代、宋代朝廷还会给大龄老人授予一定的官衔或爵位（虚衔），给予老人以精神安慰。普通百姓只要身体健壮、长命百岁，就可以在老年“喜当官”，比如《新唐书》卷五《玄宗本纪》中记载过，天宝七载就有一次大的封赏，不仅给京城的父老赏赐了财务，同时“版授官职”，七十以上的老人授予所在县的名誉县令，七十以上的妇人授予名誉县君，六十以上的老人授予县丞。天下被赡养的老人，一百岁以上授予名誉上的郡太守，一百岁以上的妇人授予郡君；九十以上授予名誉上的郡司马，九十以上的妇人为县君；八十以上授予名誉县令，八十以上的妇人为乡君。

孝顺的官员如果家中要有需要赡养的老人，常常会主动申请解职停官，皇帝十分鼓励这种行为，只要申请，一般都会批准，停职之后仍然会给予一定的俸禄作为奉养经济来源。还有的会被转迁任职地，调到父母身边以方便奉养父母。对于那些不回乡侍奉父母的官员，常常会遭到弹劾和舆论的指责。

在唐宋时期，不孝顺是犯法的。如父母尚在世，子女就要分家单过者，是要被判刑坐牢的。对于父母年老，子女触犯死刑或流放的也可以先暂缓执行，回家侍奉双亲完毕再执行。如果老人犯法了，常常会根据年龄的高低给予不同程度的减刑或免刑，比如“九十以上老人，虽有死罪，不加刑”，也就是说，九十岁以上的老人就算是犯了死刑，也是不执行的。

唐代和宋代有报纸吗？

首先可以明确的是，在唐代早期是没有报纸的，那个时候的唐代人如果想要知道最新的时事政治和宫廷八卦都要靠饭后“喝喝酒”“唠唠嗑”，中国最早的报纸直到唐玄宗时期才出现，当时叫作《开元杂报》，但这时候的报纸都是手写的，要想看印刷报纸，还要等到要到北宋末年才行。

唐代的报纸包括哪些内容呢？首先是记录皇帝的近期活动，如皇帝祭天为百姓祈求风调雨顺，皇帝微服私访视察民情；其次是宣布皇帝的“最新指示”，如皇帝最近颁布了一项政策大家都要熟知、皇帝最近高兴大赦了天下等；再次是有关最新的官员任免，以及各位官员的“优秀”奏章；另外，也可以从唐代的报纸上知道最近有没有认识的人高升或是被贬谪。

唐代报纸是如何发行的呢？一般由都城的印书馆不定期地向地方发放，一般都是发给各地的长官，普通官员和百姓是看不到的。唐代的报纸时效性不强，也不是定期发放的，大概是攒一段时间内容才会发行，地方长官看到报纸时，常常已经是很早以前的新闻。

现在拿唐代的报纸给你看，乍一看并看不出来是报纸，唐代的报纸既没有报头也没有固定的名称，有时候叫邸吏状，有时候又叫报状，还有的叫进奏院状，报纸的内容也不会分栏目排版，而是按照发生的时间依次记录。唐代的报纸没有专门司职人员采集信息，往往是进奏官们自行采集的，许多都是从朝廷的最新情报中筛选出来的。

宋代的报纸有了“出版发行规范”，开始对刊登在报纸上的内容进行了限制，一些会引起反对或者非议、不利于统治的内容通通不允许刊登，比如最近哪里有了灾情或是廷最近要准备打仗等，这都会引起议论或恐慌，所以往往是不允许发布的。宋代报纸上出现最多的内容是官员的最新任免，其次是皇帝的起居。

宋代报纸由中央统一管理，一式多份发往各地，报纸的读者不仅仅面向各地的长官，地方的普通官员和知识分子都可以阅览。宋代报纸已经开始定期发行，所以一般都是新鲜出炉的军政大事和人事任免。

宋代的“报社”也有了专门的情报收集人员，不仅包括“出版人员”，也就是进奏官，还包括宫内的女官、门下省的起居郎，以及中书省的起居舍人。

宋代的报纸不能随意发行，发行前要先做一版小样拿给上层审核，当时叫作“定本”制度，印书馆将报纸编辑好之后会送给枢密院或宰相一份样本，经过审核没问题了才可以发布这一期的报纸，审核过的报纸就不能再私自修改了。

宋代不仅有官方的报纸，在民间还出现了由私人机构发行的坊间小报，一般由一些无业游民和“书肆之家”创造，包括一些最新的官员任免情况、大臣们与皇帝最新商议的国家大事，甚至还有一些宫闱秘辛和八卦。宋徽宗时期屡屡禁止这种坊间小报，但“好事之人”屡禁不止，毕竟喜八卦是人的本性，甚至不少人以坊间小报冒充官方的报纸，在大街上公然出售。

到了南宋，八卦娱乐市场越来越发达，负责发布官方报纸的官员常常在官方报纸发行之前将宫廷政事用小纸条偷偷送出宫中，坊间小报获得了更多消息来源，其内容的真实性也越来越强。百姓们十分喜欢这种坊间小报，毕竟谁会对最新的一手小道消息不感兴趣呢？

天生丽质难自弃
一朝选在君王侧

唐代和宋代后宫“编制”是怎样的?

皇帝后宫佳丽三千，历朝历代都不例外。唐代和宋代的后宫，虽说没有三千，但也有大几百了。不由得发问，这些佳丽是如何选出来的呢?

尽管唐代是一个风气开放的朝代，但唐代皇帝选妃也是要“政审”的，女子的首要要求定是出身良家，可从许多唐代女子的墓志铭看到“盖以良家子选入后宫”“本良家子也”等字样略知一二。

那么问题又来了，什么样的女子算是良家女子?汉代规定：“凡从军不在七科谪内者，谓之良家子。”七科谪是秦代对七种身份的人实行谪罚戍役的法律规定，包括犯罪的官员、逃犯、赘婿、有市籍的商贾、曾有市籍者及其父母、祖父母曾有市籍者。到了唐代，又在前代的良家标准里面加了“非犯罪的仕宦人家”，只要属于以上几类，就达到了“好姑娘”的基本标准。除了要求是身家清白的“好姑娘”外，唐代皇帝为了保证李氏皇家血统的高贵，还会倾向于选择“白富美”，也就是选择名门贵女做自己的后宫一员。当然，名门只是“锦上添花”的标准，并不是硬性要求，只要你不做皇后，出身普通家族的良家女子还是占有相当比例的。唐代人和现代人一样，颜值很重要，美貌与优雅仪态是非常重要的标准之一，只要你足够美丽，其他的要求都是可以降低的。有不少女子单单凭借着美貌和仪态雅致便被选入后宫，她们的美貌还被记录在了墓志铭里。

被皇帝选入后宫仅仅是拥有了“编制”，晋升之路还很漫长，接下来就要安排位分了。唐代初年在皇后以外立妃，自上而下分别是贵妃、淑妃、德妃、贤妃，各一人，共计四人，这四人为夫人，是皇后以外位分最高的人；再下一级别为嫔，包括昭仪、昭容、昭媛、修仪、修容、修媛、充仪、充容、充媛，各一人，共计九人；接下来为婕妤，共计九人；婕妤以下依次为美人、才人、宝林、御女、采女，这些较低的等级人数众多，武则天在唐太宗时期被封为武才人，确实不是较高的位分，所以也不用臆想武媚娘有多得太宗宠爱，高宗对她才是真爱。

唐代初期后宫嫔妃等级
皇后
妃(四人，即贵妃、淑妃、德妃、贤妃)
嫔(九人，即昭仪、昭容、昭媛、修仪、修容、修媛、充仪、充容、充媛)
婕妤(九人)
美人(九人)
才人(九人)
宝林(二十七人)
御女(二十七人)
采女(二十七人)

到了唐高宗时期，有了新的位分制度，正一品的四妃变成了赞德两人；正二品的九嫔变成了宣仪四人；宣仪以下为承闺、承旨、卫仙、供奉等，但毕竟这段时期比较短，也没有在历史上留下什么风波。

唐玄宗即位后，首先对自己的后宫进行了“裁员”，人数比起唐初大大减少，位分又恢复回了唐初的位分，并进行了一些变动，将唐初的四妃调整为三妃，代三夫人；妃以下有六仪六人、美人四人、才人七人；而唐玄宗的“白月光”杨贵妃当时被封为贵妃，这是一个在三妃以外的，专门为杨玉环设立的高于三妃的位分，并且当时唐玄宗是没有皇后的，所以杨贵妃在当时的后宫位同皇后，唐玄宗是真地喜爱杨贵妃啊！

宋代建立后，武则天称帝掌握李唐政权的辉煌经历对男性统治者带来的阴影挥之不散，宋代统治者吸取教训，要严格注意从各方面三百六十度无死角“防内”，严禁后妃干预政事，对后宫建立了一套严格的管理制度，包括等级、人数、发多少俸禄、如何奖惩等都有严格规定。

宋代选后妃的第一条标准是门第，其次是女德，对于美貌并不是很看重。举一个例子，宋仁宗是个“颜控”，到了成婚的年纪要选皇后了，年少的宋仁宗最初看中了四川一女性王氏，可太后觉得她“妖艳过甚”，于是就先下手为强，把这位长得过于妖艳的女性嫁给了自己的侄子，选了立平卢军节度使郭崇的孙女为皇后，可能是郭皇后相貌平平，仁宗始终不爱郭皇后，强扭的瓜不甜，仁宗最终废了郭皇后；再次选皇后时，仁宗这一次的“心动女生”是一位陈姓女子，可这位女子是商人的女儿，再次遭到了群臣的反对，宋仁宗最终只好再次妥协，立了枢密使曹彬的孙女为皇后。两次选皇后都没有选到自己心仪的姑娘，直到中年时，仁宗才遇到了真爱，也就是温柔美丽的张贵妃，并且在张贵妃逝世后追封她为温成皇后。

宋代的后宫等级与唐初接近，皇后下设四妃，分别是贵妃、淑妃、德妃、贤妃；四妃下一级为九嫔，宋真宗上位后又陆续给“嫔”这一梯队增加了七个等级，仁宗上位又增加了淑仪一级，从此便有了十七嫔，从上到下分别是太仪、贵仪、淑仪、淑容、顺仪、顺容、婉仪、婉容、昭仪、昭容、昭媛、修仪、修容、修媛、充仪、充容、充媛；嫔以下还有婕妤、美人、才人、贵人等。

宋代后宫嫔妃等级
皇后
妃（四人，即贵妃、淑妃、德妃、贤妃）
嫔（十七人，即太仪、贵仪、淑仪、淑容、顺仪、顺容、婉仪、婉容、昭仪、昭容、昭媛、修仪、修容、修媛、充仪、充容、充媛）
婕妤
美人
才人
贵人

在宋代后宫晋升压力可比唐代大多了，光是嫔一级便有十七个级别，在唐代，嫔位努努力就可以冲到妃，进入正一品行列，而宋代奋斗多年进入嫔位，一抬头发现自己前面还有十六个级别比自己高的嫔位姐姐，晋升一品遥遥无期。

此外，在看电视剧时有时会看到宋代皇帝宠幸了一位宫女后封为县君或郡君，这两个称号还属于女官，并没有进入后妃行列，除非皇帝真的喜欢你，可以给你“跳级晋升”，否则晋升之路还有很长要走，“革命尚未成功，姐姐还需努力呀！”

唐代“娘娘们”的后宫生活是什么样的？

唐代后宫中的“娘娘们”有不少都是名垂青史的大人物，比如贤后长孙皇后、女皇武则天、女官上官婉儿、才女徐惠等。随着《武媚娘传奇》等大唐后宫题材的电视剧的热播，许多人可能好奇唐代的后宫生活是什么样的？唐代的“娘娘们”真的你争我斗、尔虞我诈吗？

前面已经讲了唐代和宋代的皇帝选妃的标准，实际上，唐代皇帝选纳后妃还有一点规矩是“同宗共姓者不婚”，唐代皇帝是不会娶李姓女子作为自己的后妃的，古人没有现在这么先进的生物技术，也不知道DNA，他们只知道避开同姓同宗族的不能结婚，但不同姓的表亲常常被结为亲上加亲的姻缘。

其次，唐代选后妃还是很喜欢挑选姻亲和贵族的，比如唐代开国到唐玄宗年间可考证的共有八十四位后妃，这些人有不少都是亲戚，唐代的高位后妃主要出自窦氏、韦氏、徐氏、杨氏、武氏、王氏这六大家族，唐高祖太穆窦皇后是唐睿宗昭成窦皇后的曾姑母、唐太宗的韦贵妃和韦昭容是堂姐妹、唐太宗的徐贤妃徐惠是唐高宗徐婕妤的姐姐……到了武则天大权在握的时候就更多了，武家嫁给皇帝的女儿有五人，其中三位都是出自并州武氏，剩下两位没有记载是哪家的武氏，说不定五个都是一家也不是不可能。所以说，电视剧里明明都是一个皇帝的嫔妃，却又是姐姐、妹妹、姑姑、侄女，这也都是合理的。

那么嫁给了皇上就一定可以衣食无忧，顺带着自己的娘家也风风光光吗？让我们来看看唐代“娘娘们”的收入。唐代“娘娘们”的吃穿用度都是国库供给的，平时的花费和胭脂水粉也都是根据级别不同有定数的，受宠的妃嫔还能收到皇上额外的赏赐。唐初正一品的妃嫔，也就是四妃的“工资”是九千八百文，大概约等于现在的年薪六万，正二品的嫔是八千文，大概相当于现在的五万不到；到了开元年间，妃嫔们的涨薪幅度可是相当之大，正一品的嫔妃有三万一千文，相当于现在的二十多万，正二品的嫔妃有两万四千文，也有将近二十万。此外，唐代的后妃们还有封户，封户的赋税、粮食等也是一笔不小的收入。尽管唐代后妃们的收入已经不算低了，但由于唐代对于后妃们没有很大的限制，她们可以经常和官员往来，不少后妃都有侵占田宅、收受贿赂等“灰色收入”。比如深受唐玄宗宠爱的杨贵妃，各地官员争相向她进献各种奇珍异宝，朝中官员也争相效仿，各地劳民伤财都只为了给贵妃送礼；中宗时期，太平公主、韦皇后、上官婉儿、安乐公主都想成为像武则天一样的女皇，可惜有武则天的野心，却没有武则天的才能，反而干起了“卖官”的勾当。

唐代的后宫真的有宫斗吗？像是长孙皇后在世时对妃嫔们十分宽厚，“妃嫔以下有疾，后亲抚视，辍己之药膳以资之，宫中无不爱戴。”在长孙皇后的表率下，太宗时期的后宫还是比较和谐的。而中宗时期的后宫可谓是“步步为营”，武则天是一个有心计又毒辣的女人，不仅能以先帝嫔妃的身份从感业寺中回宫成为新帝宠妃，还能在专宠期间不允许其他妃嫔靠近高宗，宠冠后宫的萧淑妃和出身显赫的王皇后是武则天最大的威胁，武则天令王皇后和萧淑妃相互争斗、相互诋毁，最终两人都被贬为庶人，囚禁在小院子里，这还不算完，武则天还派人去将她俩都了结了，如此有很长一段时间宫内都无人能与武则天争宠，这便是“王萧相争，武氏得利”。后来武则天的侄女魏国夫人贺兰氏因长相出众又常随母亲进宫，获得高宗的青睐，却在高宗外出封禅时突然暴毙，传闻是武则天下的手，还嫁祸给了武惟良、武怀运两兄弟，这两兄弟虽是武则天的长辈，却曾对武则天的母亲不敬，引发武则天不满，最终惹祸上身……

唐代死因可考的妃嫔有四十五人，其中因宫廷内部争斗而死的达十一人，更别说那些没被记载的低位嫔妃了，这比例真不算低。所以说，在唐代的后宫，如果没有高深的计谋和皇帝的宠爱，一不小心小命就没有了。

唐代后宫的“娘娘们”有没有才？唐代的诗歌文化很是繁荣，唐代的后妃在作诗方面有所作为的也大有人在，比如高祖窦皇后、太宗长孙皇后和徐贤妃、武则天、上官婉儿，都能作得一手好诗。唐太宗的徐贤妃徐惠就是因为才名远扬才被皇帝慕名纳入宫中的，她四岁就读完《论语》《毛诗》（《诗经》），八岁就喜欢写文章，才学声名远扬，唐太宗听说之后，便下诏将她纳为才人，进宫之后仍然不忘诗文创作，“其所属文，挥翰立成，词华绮赡”；而武则天不止有谋略，有野心，她在诗文、书法等方面均有很深造诣；上官婉儿就更不用说了，出身书香世家，还做过女官。

唐代的后妃们不仅才学了得之人甚多，歌舞艺术也是能拿得出手的，武则天不仅能治国、能写诗，她在歌舞方面依旧很有造诣，她曾经写有四十首乐章、编创了四部舞蹈，她所编创的舞蹈都是气势宏大的大型舞蹈，可以说是团体舞的奠基人了！杨贵妃跳舞也是十分出名的，霓裳羽衣曲名传千古，不仅如此，杨贵妃还能跳胡人的胡旋舞，精通琵琶等多种乐器。

此外，唐代后妃们还有一个有趣的现象，不少在嫁给皇帝前已经嫁过人了，比如唐太宗的韦贵妃入宫前已嫁渤海李友眠，与“前夫”生的女儿被封为定襄县主嫁给了阿史那贞；太宗时期齐王李元吉的妻子还入宫伺候过太宗；还有武则天也是先后嫁给了太宗高宗父子二人……

唐代和宋代“体制内”的妓女

咱们首先要明确，古代的“妓”如今人们所理解的“妓”是不一样的！现在咱们说的“妓”是将古代的“娼”和“妓”不加区分的模糊产物。古代的“娼”是出卖肉体从事性活动的下等女子，而“妓”通常卖艺不卖身，有的甚至堪称琴棋书画样样精通的“才女”。

本文主要讲的是宫妓，她们虽然身份低贱，却有高深的文艺素养，受国家和地方财政供养，吃穿不愁。唐代和宋代归政府、朝廷机构所管辖的妓女主要有宫妓和官妓，还要一类叫作营妓，主要服务于军营，此文暂归为官妓一类。

宫妓主要是为皇族服务的，唐代有专门管理宫妓的机构叫作太常，宫妓们聚居的地方叫作教坊。教坊内的宫妓们也是有等级之分的，据《教坊记》记载，第一等为宜春院中的女妓，称之为内人，这些内人因为可以常常陪伴在皇帝左右，所以又称为前头人；第二类是贱隶，算是宜春院的候补选手，称之为“云韶人（宫人）”；第三类是普通人家的女子，但因其相貌出众而被选入教坊，称为搊弹家；第四类则是在宜春院与云韶院做杂活的女性，她们不进行才艺训练及表演等事项。

教坊宫妓的艺术水平都很高，放在现在个顶个的都是能做艺术家或明星的好材料。唐代的教坊分左右两坊，左边叫延政坊，里面都是擅长舞蹈的女子，右边为光宅坊，里面是擅长唱歌的女子。唐代宫妓们的艺术水平有多高呢？举一个例子，有一个唐玄宗时期的歌妓叫永新，她每次唱歌时“丝竹之声莫能遏”，就连精通音律、看惯歌舞的唐玄宗都称赞她的歌声当值千金；有一次她唱歌时唐玄宗让宫中著名的笛子手给她伴奏，结果她唱完之后，笛子都吹裂了，可想而知永新的高音有多牛。唐代宫廷的大型舞蹈水平很高，比如《七德舞》《上元舞》等都是由众多舞妓在正式重大场合表演的，在宴请藩臣时既能振奋人心，又能起到一定的威慑作用。除了大型舞蹈，唐代宫妓可以跳得舞蹈种类非常多，《教坊记》中记载有凉州、绿腰、苏合香、屈柘枝、甘州、回波乐、兰陵王、春莺啭等软舞；同时也有大祁、阿连、剑器、胡旋、胡腾、柘枝、拂林、大渭州等健舞。除了歌舞，教坊中还有一些具有其他高超技艺的女子，比如王大娘擅长表演“百尺竿”，即在木竿之上顶一座木山，能够让众多小儿穿梭其间、歌舞不断；再比如马妓，众多女子有节奏地骑马相互驰斗表演，这不比男子马术更有看点吗？

宋代宫妓的规模虽然没有唐代那么大，但是宋代宫妓的表演内容比唐代更为丰富。宋代的宫妓被编成许多舞队，但宋代的舞队不仅有歌舞，还有诸如“抛球乐队”“打球乐队”这样将舞蹈和运动结合的队列。宋代前期的统治者十分支持宫中宫妓的发展，但是到了高宗时期，宋代教坊就名存实亡了。

官妓是服务于地方官员、地方军事长官的女子，她们归地方州府管辖。唐代这些女子主要在地方宴席中助兴，不少官员也会在自己摆私宴时招她们表演。有趣的是，不少地方长官在任时还与官妓有了深厚的感情，但是官妓不能擅自离开籍属地，所以就有了一种叫作交割的方式，上一任官员在离任前会将自己喜爱的官妓托付为下一任官员好好照顾。宋代的官妓由于属于下九流的最后一等，属于官家奴隶，所以宋代官妓常被称为奴或官奴。官妓内部也是有等级区分的，最高级的是音乐女工，她们琴棋书画样样精通，这样的优秀女子自然会有官员士大夫争相捧场，她们的生活水平也是很好的，但是低级别的官妓可就没那么幸运了，官妓作为奴隶，常常被统治阶层玩弄，戏谑、体罚、打骂、杀害都不是不可能。比如有个人叫王继勋，他对待买来的官妓十分残暴，稍有不如意就会杀了她们，将尸骨抛在野外。但也有不少官妓凭借自己的魅力获得士大夫们的迷恋，有不少女子还因此摆脱贱籍跻身上流。

宋代官妓地位的提升除了靠自身的才华、士大夫的“提携”以外，还有一种方式是有文人作词，将名声打出去，比如宋代的柳永常为官妓作词，他为哪个官妓作词，那个官妓就会声名大振、得到士大夫们竞相追逐，所以说柳永真乃“宋代广告界的第一把交椅”。

春风得意马蹄疾
一日看尽长安花

唐代人和宋代人如何读书学习？

唐代已经开始在全社会普及教育了，“教育要从娃娃抓起”的重要性唐代人早早就意识到了，唐代开办了很多学校，不仅有公立学校，还要私立学校。

唐代官方教育机构是中央官学，这是唐代最大的公立学校，不仅包含多个等级、多种类型，教学质量也很高，完全能够满足唐代学子们的“择校需求”。唐代的中央官学有六个学馆，分别是国子学、太学、四门学、书学、律学和算学；不同出身的学子可以去不同的学馆上学，简单来说就是，大官家的孩子（三品以上）可以去国子学上学；中等官员（五品以上）家的孩子，可以去太学学习；普通百姓特别优秀的可以去四门学读书；其他的普通学子可以去律学、书学和算学读书，这三个学馆没有入学门槛，律学学习法律、书学学习书法、算学学习数学。

唐代不仅中央高等学府——中央官学很受重视，地方政府也是很重视教育的，唐代地方官学设置有州、县、乡、里四级学校；

学习的内容主要有三种类型，即经学、医学和崇玄学，经学学习儒家经典、医学学习医术、崇玄学学习道教。地方官学只限制了各级学校的人数，并不限制身份地位。可以说，在唐代，百姓家的孩子只要想读书，都可以顺利入学享受教育资源。

如果出生在小县城或是农村这些小地方，且没有显赫的家世和丰厚的家底，也不用担心自己的才华被埋没。只要足够优秀，地方官学的学生还可以升入中央官学学习；中央官学各级学校的学生也可以凭借自己的才华“升级”至更高级别的学馆，获得更加高质量的教育资源。

如果想要学习一技之长，获得吃饭的本事，唐代的中央官学还设有“专科学校”，即旁系学馆，想学医可以去附设于太医署的医学，有医科、针科、按摩、咒禁、药园五个专业供学生选择，包你成为一名合格的医生；想要学占卜可以去附设于太卜署的卜筮；想要走文艺路线可以去附设于太乐署的乐舞艺术；想要学习“高端技术”数学和天文可以去附设于司天台的天文历数；想要做“动物医生”可以去附设于太仆寺的兽医；还有附设于门下省的弘文馆和附设于东宫的崇文馆、附设于尚书省祠部的崇玄学。

除了“公立学校”，唐代的“私立学校”也很多，唐代私学主要有隐居读书、私人讲学、私塾、家学、寺学六种类型；私学不限制学生的身份，只要你想学习，无论是豪门子弟，还是庶民百姓，都可以享受同等的教育资源。

男子可以学习读书的选择与资源有很多，那么唐代的女性如何接受教育？她们学习哪些内容呢？唐代女性主要学习的还是

“女教书籍”，培养品德、训示为女、为妻、为母的行为准则，官方推荐的教科书有《列女传》《女孝经》《女则》《女诫》等，教导女子做一个合格的妻子、合格的母亲。

唐代的女孩子们不像男子一样到专门的学校去读书，绝大多数都是在家里接受家庭教育，一名“唐代高质量女性”至少要会通晓女性道德礼法、精通刺绣、纺织、缝纫等女红；想要成为一名“才女”，在此基础上还要接受经史教育，熟读四书五经，掌握历代兴衰；尽管社会上有很多不赞成女子学诗的声音，但唐代还是有不少女性接受了诗歌教育，可以做得一手好诗。毕竟“女子无才便是德”也不是人人都认可的，“才女”也是不少人所称道的！

宋代成立之前，经历了唐末五代长期的乱世，乱世难有太平，更别说能够保证对百姓们高质量的教育了。再加上宋代重文轻武，又是一个非常重视教育的朝代，宋代的统治者将“重教兴学”作为目标，三次推行兴学运动，在宋代浓厚的教育文化氛围下，宋代的教育规模空前扩大，百姓们都能“好读书，读好书”。

前面说到，唐代的教育已经非常普及了，百姓们只要想读书，就可以获取优质的教育资源，但唐代教育规模比起宋代还是相形见绌了。宋代的教育首先打破了“官二代”和贵族子弟们垄断顶级教育资源的问题，宋代中央官学中规格最高的国子学不再像唐代一样只有大官和贵族的子弟才能进入，七品以上小官以及寒门优秀学子都可以进入；太学更加容易进入，八品以上官员和优秀百姓都可以被招收。可谓是在教育资源的“公平化”上做出了很大的进步。

除了寒门子弟能够享受到优质的教育资源，宋代科举取士也是不看家世出身的，所以官员中不再充斥着“官二代”，而有许多靠着自己努力一路达到人生巅峰的寒门子弟，所以说普通百姓想要靠着读书出人头地，生在宋代是最好的选择。

历朝历代都是重农抑商的，商人们尽管有钱，但地位往往很低，但宋代的商人虽然法律上是禁止做官的，但其中的“奇才异行者”是可以参加科考的，商人的子女也更是不做限制，比如《知否》里盛纮家祖上是做生意的有钱人，后来科举中了“探花郎”，从此儿孙不仅靠着祖上的家底生活富裕，还走上了“官场”，成为“文官清流”，小说里这一设定放在宋以外的别的朝代都是不可能如此舒服的，比如汉代就规定，市井商人的子孙都是不可以科举做官的。

在此大环境下，宋代的女孩子们受教育的机会也多了起来，上至贵族世家、下到普通百姓，多多少少都受到了一定的教育，也出现了“易安大人”这样流传千古的才女。由于“则天大帝”对男性统治者带来的“阴影”，宋代贵族女性，包括公主、妃嫔等的教育都是以“妇德教育”为主，对她们严加管教，防止再次出现有野心的女子掌握国家大权的情况；在“思想品德”教育之外，宋代的贵族女性们还要接受非常细致而优雅的礼仪教育，毕竟她们是天下女子们的表率，插花、焚香、点茶、挂画是宋代人的美学四艺，贵族女性都是要熟练掌握的。

宋代的皇帝们大多都很有才，作为皇帝的女儿与伴侣，也不可以作“目不识丁”的文盲，不仅和皇帝没有共同语言，也与宋代风雅的韵味不搭，宋仁宗时期在女官尚仪下设置了司籍，宋徽宗又设立了司教，这些都是宫廷女子们学习文化艺术的地方，在这里她们可以学习经、史、子、集、易、律法、算数、书法、写作、绘画等。

官宦家的女子不再担心她们会威胁到皇权，在宋代文化气息的熏陶下，宋代不少“家庭条件优越”的女性都接受了优质的教育，拥有不俗的文化水平，但像李清照那样显露出来并流传千古的非常少。因为整个社会对于女子学习的要求仅仅是“略通大义”，甚至司马光并不赞同女性进行管弦歌诗的学习，更不赞同女性进行文学创作，要求“只读不写”，在这种社会氛围下，许多“才女”也只能将自己的才情作为业余爱好，“不显山、不漏水”，更不可能将自己的大作展示出去，实乃可惜！这些女子不会像男子一样去官学学习，她们往往是在出嫁之前在家中学习；遇到意趣相投的丈夫的幸运女子也可以在出嫁后得到丈夫的赞赏与培养。比如李清照的祖父、母亲都是非常有才华的，注重对她的教育，所以李清照在出嫁前已经拥有了不浅的文化水平，再加上丈夫赵明诚与其志趣相投，与丈夫共同学习交流，才使千古第一才女的大作可以流传于世。

平民家的父母往往忙于生计，较为富裕的小姐们通常是去私塾进行学习，也有一些女子为了更加方便，便女扮男装坐在学堂中。

宋代女性的教育和文学成就，对后世产生了较大的影响，世人越发重视女性的教育，对女性进行文学创作的态度逐渐明朗，明清时期更多的女性进行文学创作，并有机会以男性文人为师，组建女子文学社团，大放异彩。

唐代和宋代的读书人如何通过科举考试做官？

对于唐代读书人来说，想做官有两条路可以走：一是托生在一个父辈祖辈官至五品的家庭，靠着长辈的庇佑走“门荫”做官的路子；二是绝大多数唐代读书人走的路，即科举考试。

《新唐书》中记录了唐代科举考试的所有科目，有秀才，有明经，有俊士，有进士，有明法， 有明字，有明算，有一史，有三史，有开元礼，有道举，有童子。接下来我们就来一一介绍一下唐代学子们都要考什么。首先要明确的是，这些科目并不是全部都要考的，这段记载囊括了唐代科举存在的所有科目，实际考试中这些科目有增设有取消，完全取决于那一年的政策。

“秀才科”的考试内容是“方略策五道”，也就是要考五道有关治国方略的策论文，根据行文水平、文章流畅程度最终划分为从上上到中上四个等级录取。方略策比起其他考试内容要难很多，所以举子们都很畏惧这项考试，也就导致考秀才科的人寥寥无几，从武德年间到永徽年间，每年秀才也就一两人，到了唐高祖时期就把这项考试停止了，后来断断续续也有皇帝恢复过这项考试，不过考的人少，没有翻起什么浪花。

“俊士科”实际是针对庶民阶级进入四门学的一项入学考试，俊士在国学中学成结业后也要参加科举考试。所以说，俊士科并不是为选官而设，但这些考试仍然纳入科举考试的范围，算是庶民参加科举考试的预备考试。

“明经科”和“进士科”是最为广泛的考试，在整个唐代都是存在的。

“明经”考的是儒家经典，考试形式是“填空题”，当时叫作“帖文”，就是将经书中的一些内容摘录出来，考生要填出空缺的文句，属于“记忆型考试”。唐代把明经分为大经、中经、小经三种，大经包括《礼记》《春秋左氏传》；中经包括《诗》《周礼》《仪礼》；小经包括《易》《尚书》《春秋公羊传》《春秋谷梁传》。明经科考试有三个层次，即“通二经”“通三经”“通五经”。到了唐末，又把《周礼》《礼记》《仪礼》等三礼从明经中拿出来单独作为一科考试“三礼举”；把“春秋三传”单独拿出来开了一个“三传科”。但是明经也不是单单考“填空题”，还会考十道“简答题”，当时叫作“墨策”，就是从经书的“疏议”中出题，书面回答；到了开元年间以后，又改为口头回答十道，并加考三道“时务策”，即“时政题”。

“进士科”主要考五道“时务策”，即五道政治、经济、文化相关的时政题，既着眼于现实，又往往从儒家经典或是史书中命题，难度很大。比如说问你：“事君有犯无隐”“为人臣者不显谏”两句看来是相互矛盾的话如何理解？对于你为皇帝办事有什么启示？后来，进士又加试与明经内容相关的“杂文”和“贴经”。

“明字科”又称明书科，考《说文》等；“明法科”又称“明律科”，考《律》《令》等；“明算科”考《九章》；“史科”考历史，比如《史记》、两部《汉书》《三国志》等。

“童子科”是针对“神童”设立的考试，考上之后不授予官职，只授予“出身”，仍然要参加统一的选官科举考试。

“道举科”考法和明经差不多，只不过考试内容是玄学经典。

总体来说，唐代科举最主要的考试还是明经和进士，考试时一般要考三场，每一场都会放榜，最终排名以第三榜为主。每年明经、进士及第的名额为一百五十人左右，明经名额比较多，但进士名额只有二十人到四十人，总体来说竞争压力还是非常大的，能考中进士的是真“学霸”！

及第的人也是要分等级的，进士分甲乙两等，五道时务策和十条经文帖全通过的为甲第；四道时务策、四道以上经文帖通过的为乙第，其他人就称作“不及第”；明经根据所掌握儒家经典的数量分为四等。

除了日常的科举考试，唐代还有一项考试叫作“制举”考试，有一些类似于现在的“遴选考试”。制举考试是由吏部主持的，考试内容是三道策略题加试两道杂文题。这项考试不对参加考试的人有资格限制，此前未参加过任何考试的“白衣”可以参加，官员也可以参加，科举及第的进士也可以参加，这项考试名额很少，竞争十分激烈，但只要考上了就能直接授予官职或者升官，所以许多人削尖了脑袋往那寥寥数个名额里冲。

宋代读书人做官的路主要也有两条：一是通过靠着祖辈荫封，二是通过科举考试获得“进士出身”。

宋代初期考试科目与唐代基本一致，童子举、制举等也依旧存在，1071 年后，明经科目和其余诸科地位下降，进士科目在诸科目之上，到了北宋末年甚至成为唯一的科目，其他科目都被取消，所以说宋代学子们一心准备的科举考试都是进士科。唐代时进士科的含金量也是比其他科目大的，中了进士科的仕途就会很顺利，甚至可以做到宰辅，而其他科目一般只能做个小官。

宋代初年的进士科考试遵循唐代的旧制，以辞赋为主，但也会加试一些别的内容；王安石变法后将辞赋取消，“惟以经义取士”，经义就是以经书中的文句为题目，谈谈对文句的理解；后来哲宗元祐时期又改变王安石指定的考试内容，改为辞赋和经义两科。

宋代进士考试的题量很大，需要作诗一首、作赋一首、作论一篇、策五篇，此外还要考“明经”考的“填空题”十篇，以及“简答题”墨议十条，所以举子们常常进了考场一待就是好几天。

宋代进士一开始也是分为甲乙两档的，录取的人数很少。后来到了北宋末年，甚至出现了第三档；南宋就更多了，设有五档。比如 1265 年的科举考试录取了足足六百零一人，录取的人越来越多，含金量就不如宋初那么高，也造成了宋代官员大量的冗余。

殿试合格之后，就要赐“进士及第”，赐“进士及第”是分三等的，一是“进士及第”，二是进士出身，三是同进士出身。平时常说的状元就是榜头，榜眼就是第二名和第三名，后来演变为专指第二名。探花在唐代和宋代前期时指同榜进士里最年轻的那个，后期就变成指代第三名了。

状元一定能做大官吗？这不一定，唐代科举录取的人总体比较多，状元的含金量也没有那么高，唐代通过了科举考试只是获取了做官的资格，就算是状元也要参加吏部举办的考试，从小官一步一步做起。宋代初期科举选的人非常少，状元往往在州郡担任副职，宋仁宗时期，状元要先从签书节度判官厅公事做起。总体来说，宋代的仕途要比唐代好走许多啊！

宋代还流行一种“榜下择婿”的习俗。

这种令人哭笑不得的选女婿方式，叫作“榜下择婿”或是“榜下捉婿”，是指在科考发榜的那一天，全国各地的高官富绅清晨便发动“择婿车”，不约而同齐聚榜下、虎视眈眈，在新科举人进士中为自家女儿挑选夫婿，这件事往往是先下手为强，所以常常由于优秀的青年太少而急着嫁女儿的高官富绅太多而由“择婿”变成了“抢婿”。

宋代是一个“重文轻武”的朝代，文人治国的方针策略使文人在宋代的地位很高。在唐代，取得功名后还要经过考试合格才有资格担任官职，到了宋代，只要是进士五甲以上就可直接授官，而且升迁的速度和级别之高也是其他途径入仕的人所比不了的，于是形成了宋代“读书做官热”的现象，十年寒窗苦读往往能一朝走上“人生巅峰”。此外，宋代人还讲究结婚时年龄相当，已经做官的往往已经有了家室，所以每届科举放榜之日高中的进士就是宋代婚恋市场上最抢手的对象。

举一个例子，这个例子的主角叫作冯京，《宋史》记载，冯京，“少隽迈不群，举进士，自乡举、礼部以至廷试，皆第一”。这样一位既有才华又未婚娶的优秀男青年，一放榜就被那些高官豪绅盯上了，都想把女儿嫁给他。其中有一位叫张尧佐，这位张老先生可不得了，他是宋仁宗宠妃张贵妃的大伯，他仗着张贵妃得宠，便将冯京“拥至其家，束之以金带，曰：‘此上意也’”，也就是强行把冯京抢回家，逼迫他跟自己的女儿成亲，还威胁他这是皇帝的旨意。好酒好菜、威逼利诱，但最终也没能忽悠得了冯京，冯京就是拒绝，最终冯京娶了富弼的女儿，被岳父所器重，成就了一番大事业。

在科场选婿者，不乏饥不择食者，将习俗所重视的阴阳吉凶、家世背景等都抛之脑后，甚至是这位新及第进士是否还是单身都来不及考虑，曾有一个新及第的年轻举人，体貌亦不凡，为一权势之家看中，其家便派出十多个壮丁将青年簇拥至其家，该青年既不拒绝，也不逃避，而是欣然而往。过了一会儿，一位着高官袍服的人来到青年面前，问道：“我只有一个女儿，长得并不丑陋，愿意嫁与公子为妻，不知可否？”此青年深深鞠了一躬，推辞道：“我出身寒微，如能高攀，固然是件幸事，要不您等我回家和妻子商量一下再说，怎么样？”

还有一个叫韩南老的人，考中了进士，很快便有人来向他提亲，他并未拒绝，而是作了一首绝句——读尽文书一百担，老来方得一青衫。媒人却问余年纪，四十年前三十三。这位老汉都七十三岁了，依旧很抢手！

唐代和宋代的“公务员”收入有多少？

唐代的“公务员”法定收入有俸、禄、职田、赏赐这四种，此外还有一些隐性收入。

俸就是政府发给官员一家用来“过日子”，以及官员办公的物资，主要就是钱和布，包括月俸、俸食、杂用、资课。月俸就是购买粮食以外生活必需品的银子；俸食就是官员的工作餐和生活餐的粮食；杂用是工作以外所需的物品。

禄是米、粟等粮食作物，是官员一家吃饱饭的主要来源，但是唐代只给在京城做官的“公务员”发粮食，京城以外的官员没有“禄”这一收入来源，直到安史之乱之后，外官才能得到京官一半的禄。

在职官员还能分到职田，也就是一些田地，这些田地一般都是租给农户耕作，官员收取地租、耕税。此外，唐代皇帝为了让手下的人好好干活儿，经常大手一挥给官员们很多赏赐，皇帝大手笔可以让官员一家过很久的好日子。

唐代官员的收入往往要养活一大家子。据记载，五品以下官员的俸禄是不足以养活一家八口的，而品级较高的官员可以养活三十人。既然钱不够花，就有隐形收入来源，包括贪污受贿、违法征地、巧取豪夺、违法经商等。唐代官员往往贪污国家的钱进入自家的腰包，官员帮有钱的商人百姓办事还会收受贿赂。官员们的职田租给农户耕作，尽管法律规定了应该上交的耕税，但不少官员常常仗着自己的势力剥削租户，甚至有的官员还会巧取豪夺农民的土地，官员们往往有权有势，百姓不敢与之抗衡，只能被剥削。尽管唐代重农抑商，禁止官员经商，但是许多官员往往违规参与经商或者放贷。但比起前面几种隐藏收入，还是违规经商的官员更有良心！

宋代官员的收入在北宋前期到宋神宗年间是普遍比较低的，发放的俸禄以货币为主，实物为辅；北宋神宗之后，实行新的工资制度——“元丰新禄制”，以俸禄为主，职田或职钱为辅，在京城的京官只领取职钱，在外的官员只领取职田。

宋代官员的收入比较复杂，有的官员有名头没有职务也可以领钱，有了实职还能再加钱，朝廷还给官员各种补助和津贴。

除此之外，宋代是鼓励经商的，宋代的官员可以光明正大地经商获得收入，就算工资不能满足一家的开支，做生意的收入还是可以弥补的。

唐代和宋代相比，还是宋代“公务员”的收入更加高，单单看朝廷发的“工资”，唐太宗年间，一品官员年俸 81.6 两、俸料 650 石、职田 1200 亩、仆役 240 两，当时的一两银子大约有人民币四千多元，一品官员年入一百多万；宋代的一品宰相每年俸钱三千六两、其他收入七千二百两，当时一两银子相当于现在的人民币一千多元，一品官员可以年入千万以上。

所以，要在古代做官，还是做宋代的官待遇更好，但一定注意要做京官，还要做文官！

唐代和宋代的“公务员”都住豪宅吗？

前面介绍过唐代的城市规划方案采用的是“坊市制”，外郭城中整齐排列的里坊是唐代人的住宅区，里坊是封闭式的建筑，里坊之间相互隔离，内部有街道。有的坊开东西两个门，这种坊里面有一条横街；有的坊开东南西北四个门，这种坊内部有十字形的街，并且十字街道将整个坊划分为四个街区、十六个小区。各种身份地位的居民都居住在坊内，但不同阶级的住房面积是不一样大的，有的居民住宅只有一亩地大小，有的甚至可以占整整一坊。

贺从容先生依据《张家山二年令》中的宅田颁发制度、隋唐时期的田令，同时结合日本都城的宅田分配制度，以及相关历史文献记载、坊内官宅建筑实例，推断出在京官员与百姓的住宅用地分配标准：官员的住宅用地标准为一品官员宅第占四分之一坊左右；二品、三品官员宅第占八分之一到十六分之一坊；四品官员宅第可能占三十二分之一坊；五品官员宅第占地六十四分之一坊，以此类推。普通百姓的住宅用地标准为三到五口人的家庭一户可以拥有 1 亩左右的园宅地，若一户人口数较多，住宅面积也可以相应增加。

唐代对住宅建筑做了严格的规定，就算是官员也不能违反，首先，住宅不能侵占街道；其次还要根据住宅的贵贱程度收税；再次，住宅的开门方向也是有规定的，除非是三品以上的大官或是坊内三绝，否则只能将门开向坊内，不能对着大街开门。

唐代还对王公贵族、士庶平民的住宅形制做了详细规定，比如说王公以下，不能在房屋中建造重栱、藻井；平民的房子，不能有华丽的装饰等。

唐代官员的住宅可以按照自己喜好，雇人建造。有的官员也可以接受皇帝赏赐获得住宅，这些皇帝赏赐的宅子都是修建好的，但是能获得皇帝赏赐宅子的都是五品以上的高级官员，绝大多数官员的宅子都是购买或者租赁的。

宋代官员获得皇帝赐宅的共有八十七人，文臣主要是出入两府的大官以及奸佞之臣，而武将多是开国大将、卓有战功的或是战死的将领，还有一些是确实买不起房的，比如楚昭辅、郭劝，皇帝实在看不下去了，就给他们赏赐了房子，奸佞之臣由于特别会讨好皇上，皇上高兴了，也会赐宅子，有的还不止一处宅子，比如何执中、郑清之。

宋代地方官员是不允许在任地买房的，他们在地方任职时大多有官廨居住，官廨类似于“职工宿舍”，是提供给现任官员的免费住宅，但有的地方没有官廨或是官廨损坏，官员就只能自行修缮或是只能租房住了。京城由于地方小、官员多，可没有那么多官廨提供给官员，所以宋代的京官大多是自己盖房或者买房，大部分官员的居住水平取决于自身经济状况，普通官员的收入往往要供养一大家子，住得简陋也是正常的，比如宋代的“圣相”李沆住得很小很简陋，真宗时期的宰相王旦由于住得太简陋皇帝都看不下去了想给他修宅子，但是被他以“先人旧庐”为理由拒绝了。

宋代特别豪华的宅子大多是贪官或奸臣权臣，比如杨存中的住宅十年才建好，“集山川之圣”，高宗时期有个医官叫王继先，他的住宅占了几百户居民的地盘，他的宅子被称为“快乐仙宫”，皇帝赐给权臣蔡京的宅子在都城之东，有多大呢？达到了“周围数十里”，韩侂胄的府第，“凿山为园，下瞰宗庙；穷奢极侈，僭拟宫闱”。

北宋前期及中期，宰执等高级官员及有差遣的中高级官员如果对住房没有过多要求，都可以在一年内拥有在京城购买房屋的能力。北宋后期，宰执及高级官员在京师购买房屋依然没有问题，而中低级官员就没有这个购买力了，毕竟收入不高还得负责一大家子的开销，作为“京飘”，只能租房咯。而到南宋，房价进一步上涨，在京师除了宰执其他官员再无房屋购买力，所以说从古至今，想要在大城市扎根，买房都是个大问题，不做“房奴”不行啊！

唐代和宋代的官员退休后待遇如何？有退休金吗？

古代的官员到了一定年龄是可以告老还乡的，称为致仕，相当于现在的退休。

在唐代和宋代做官，退休之后的待遇还是不错的，首先可以明确的是，唐代和宋代的官员退休之后是有退休金的，可以保障基本的养老生活、衣食无忧，其次还会保持一定的社会地位，退休之后也是有身份、有地位的“有名望之人”。

官员退休后常常会“升官”，这是怎么回事呢？古代官员有一个退休政策那就是升秩或加衔，也就是退休时皇帝会给官员晋升品级或者授予一定的荣誉官衔。这项政策在唐代还没有形成定制，主要是根据个人功劳或是皇帝恩赐灵活决定的，唐代那些在任期间政绩斐然的官员或者特别受皇帝恩宠的官员在退休后都会“升官”或是获得“名誉职位”，比如唐德宗时期的杨于陵，这位杨老先生出身高贵，是“贵族后代”，可惜父亲死于安史之乱，尽管家庭失去了顶梁柱，但他少年大志，十八岁就中了进士；他还是一位清正廉洁的官，因为老丈人韩滉做了宰相，于是就回避官场，回建昌潜心读书，直到老丈人去世后才回来做官，做官期间刚正不阿，为民办实事，皇帝十分欣赏他，在他退休时不仅要给他全俸待遇，还要给他升官，但是这位老先生还是推辞了朝廷给他的优待。宋代对于官员退休晋升品级有了明文规定，覆盖了所有官员，规定官员到了七十岁必须退休，身体不好的不到七十岁就可以退休，宋代官员退休时基本都可以晋升一级。此外，有的宋代官员还可以享受“带职退休”的恩赏。

唐代和宋代官员退休后，不仅自己的生活可以得到保障，后代还可以享受荫封，那时候的“官二代”就算自己不努力也可以靠着父辈而衣食无忧。唐代规定：“被皇帝封为一等功臣的官员致仕后，如果家中在代没有担任五品以上官的人，可以授其子孙或曾孙一人为五品官；已有四品、五品可加授一人两阶；有三品以上任职者，加爵三等。被封为二等功臣的官员致仕后，其子孙所得恩荫与一等功臣相比级别都降一等。”也就是说，唐代一等功臣退休后，如果家中再没有子孙为五品以上官员，就可以直接授予一位子孙五品官职，如果已经有了五品的子孙，可以选择一位子孙直接晋升两阶，二等功臣家子孙的待遇比起一等功臣递降一等。到了宋代，官员退休后恩封子孙的范围比起唐代更大，基本上退休官员家都可以有子孙得到下降一等的封官，虽然这些封官不一定是实职，但都能享受一定的俸禄待遇，所以说在宋代，只有一人做了官，就可以保障好几辈的衣食无忧，宋代的荫封制度实际是对退休官员养老的一种保障，保障退休官员的子女有足够的收入可以供养父母。

唐代和宋代的官员退休后都是有退休金的。唐代一开始规定：七十岁以上的官员或是五品以上的官员，退休后都能享受半俸，即在任时俸禄的一半的退休金待遇，六品以下的官员能享受四年半俸待遇。到了唐玄宗时期，唐玄宗觉得六品以下官员的生活没有保障，就规定所有官员都可以在逝世前享受半俸待遇。宋代官员退休后大部分也都可以享受半俸待遇。

唐代和宋代的官员退休后除了升官、获得荣誉职位、退休金、荫封子孙外，还有一些额外的红利，比如朝廷和地方官府逢年过节时不时地会带着礼物对“退休老干部”进行亲切慰问，品级较高的官员还可以留在京城养老等。

乐奏箫韶花烛夜
风流玉女才郎

唐代人和宋代人的婚礼是怎样的？

唐代人和宋代人的婚礼是什么样的？提起这个问题，最先想到的就是"一拜天地、二拜高堂、夫妻对拜、送入洞房"，或是"红盖头""凤冠霞帔""交杯酒"等，这些其实都是电视剧误导！来看看唐代人和宋代人真实的婚礼是什么样的。

早在西周时，老祖宗们就在《周礼》对古代小夫妻结婚的正规程序做了规定，想要正式"执子之手、与子偕老"就一定要经过六礼，六礼程序是古代成为合法夫妻的唯一程序和证明。六礼共六个步骤，依次包括纳采、问名、纳吉、纳征、请期、亲迎。

唐代人和宋代人在婚姻大事上也是继承了六礼，但也不是完全照搬前朝，还是有一定的改动和简化的，毕竟时代在进步嘛！

首先咱们先看一看六礼的每个步骤分别要做什么事：

第一步纳采，男方家要委托媒人向女方家提亲，女方家如果觉得"这小伙儿还不错"，男方就可以正式向女方家求婚，并带来第一份礼物纳采礼送给女方。注意！古代小年轻结婚的正规程序一定是要经过媒人这个中间人上门提亲的，男孩子跑到女方家里对着女孩子父母大喊“我一定要娶你女儿！”是一定会被赶出去的！

第二步是问名，男方求婚之后要向女方家问到自己“未来媳妇儿”的姓名、生辰八字以及家庭情况，然后带着这些信息去找专业人士进行一波占卜，占卜结果是“吉”，那就可以继续交往，如果是“凶”，两家就要好聚好散。

第三步是纳吉，这一步就是男方去告诉姑娘家咱们两家的姻缘是“大吉”，那咱们就要尽早把大事定下来！

第四步是纳征，也叫纳采，这一步是最重要的一步，男方把聘财送到女方家里，聘财就是咱们现在说的彩礼，待嫁女这就成了准未婚妻，经过了这一步两家的姻缘就算是定了，绝不能轻易反悔。

第五步是请期，这一步好理解，就是要定一个举办婚礼的良辰吉日。

第六步是亲迎，新郎官骑着高头大马一路吹吹打打地到新娘家去迎娶自己的媳妇儿，然后把媳妇儿接回家，在家中拜堂成亲，至此二人便缔结为夫妻，白首不相离。

唐代和宋代的统治者都要求上层阶级要严格遵循六礼程序，也就是说只要你有钱、有条件，你就得把程序走完整，而普通百姓就根据自己的实际情况量力而行，只要男女双方满意就行。唐代要求结婚需要完整六礼程序的范围是“当官的”和皇家子弟；宋代除了要求权贵也要求了士庶人阶级，但要求不严格，实在家中条件一般也不能强求人家散尽家财只为娶媳妇儿吧。大部分普通人家都将六礼简化为四礼，将问名和纳采合并、将请期和纳征合并，并且聘礼不一定要用大雁，可以用野鸡或家鸡来代替，从而大大减轻了普通百姓家里娶媳妇儿的负担。

这里再讲一下古人为什么喜欢用大雁作为聘礼？汉代的《白虎通义·嫁娶》记载："取其随时而南北，不失其节，明不夺女子之时也；又是随阳之鸟，妻从夫之义也；又取飞成行，止成列也，明嫁娶之礼，长幼有序"。大雁在古人眼里是一种品行十分高洁的鸟，大雁往往成群飞行，不会落下队伍里的任何一只，是仁义之鸟；大雁挑选伴侣往往从一而终、矢志不渝，符合妻从夫之义；大雁飞行时遵守一定的规矩，互相礼让、绝不逾矩，大雁是重礼之鸟；大雁每年都会按时南北迁徙，绝不食言，是守信之鸟。古人认为以大雁做聘礼寓意非常好，预示着姻缘圆满，所以以大雁做聘礼是对女方家重视的表现。

唐代人和宋代人的婚礼仪式是什么样的呢?

封演在其《封氏闻见记》中写道:“近代婚嫁,有障车、下婿、却扇及观花烛之事,又有卜地、安帐,并拜堂之礼。上至皇室,下至士庶,莫不皆然。”这里的近代就是指唐代,唐代人婚礼中亲友往往会阻拦新娘的喜车,讨要酒食和红包,以“讨个吉利与喜庆”,这就是障车;新娘的亲友也会刁难新郎,不让新郎轻易将新娘接走,称下婿;唐代的新娘不盖红盖头,要用一把扇子遮住自己的面容,称却扇礼;卜地就是经过占卜选择吉祥的居住地;此外,还有大家都熟知的闹洞房、安帐、拜堂等活动;新郎去迎娶新娘时还要做催妆诗、唱催妆歌催促新娘出门。新娘下车轿进男家大门时脚不得着地,新郎家大门前铺着几条毡褥,在新娘走到第二条毡褥时,穿青衣的人会把第一条毡褥拿起,放到最后一条的后边,这样反复,一直延续到屋内,象征传宗接代,香火可以得以延续。在走过转席进门时,要从摆在门口的马鞍上跨过去,或者坐一下，寓意将来生活平安。

宋代人的婚礼活动更加丰富，典型的活动有“起檐子”“拦门”“撒谷豆”“坐虚帐”“坐富贵”“高坐”“牵巾”“撒帐”“合卺” 等。宋代人不会在新郎娶媳妇的路上拦车，但会起檐子和拦门，即抬轿子的师傅们要到“红包”才会起轿子，亲友们要到“红包”才会让新郎进门；新娘下轿子进门时仍然不能脚着地；牵巾就是新郎、新娘要一人一段共同执着一条大红的同心结；合卺礼就是喝交杯酒。

唐宋两代都有撒帐的习俗，唐代大多撒地是金钱；而宋代撒帐物品多用果物、糖、花瓣或夹杂铜钱。拜堂礼整体是一样的，但夫妻之间相互交拜的风俗是从宋代开始的，宋代的参拜礼仪式主要有四项，主要内容是对前代青庐拜堂婚俗的继承。一是拜神灵；二是拜家庙祖先；三是拜舅姑及在堂内外诸亲尊长；四是夫妻对拜。至此，就可以入洞房啦！

宋代的媒人“专业化”

古代有严格的媒妁制度，小两口要结婚，正规的程序一定要有媒人这个中间人“牵线”。

唐代的媒人没有严格的资格限制，主要是老人、老青衣、孤抠等，也有任小官职的司录、录事参军或一些高官的家眷。

宋代的媒人逐渐“专业化”起来，针对不同等级的对象有匹配不同的媒人，并且不同等级的媒人还有严格的要求：“上等戴盖头，着紫背子，说官亲宫院恩泽。中等戴冠子，黄包髻，背子，或只系裙，手把清凉伞儿，皆两人同行。下定了，即旦望媒人传语”。也就是说，最高级的媒人是专门为名门望族撮合婚事得，她们被称为官媒，一般戴着盖头、穿着紫色的褙子；中等媒人一般头戴冠子，梳着黄包髻，穿着褙子，手中拿一把清凉伞；最下等的媒人没有那么多要求，就是普普通通一个妇人而已。

唐代的“结婚证”

唐代结婚也是有类似结婚证的文书的，叫作通婚书。通婚书和现在的结婚证一样，具有相当大的法律效力，可以视为婚姻关系缔结的凭证，有了通婚书就能证明是“两口子”。唐代的婚书为复书式，由正书和别纸两部分组成。正书用词华美，多是一些程式化的虚文客套话，表达对女方家的倾慕和求婚之意。别纸内容主要是注明男女双方的姓名、年龄、是否有过婚史、媒人的姓名等信息。男方要向女方写明主婚者和应婚者的关系，欲向对方求娶何女，以及何人为媒等。

女方接书应允后，也用同样格式回应。男方送给女方的叫通婚书，女方答复男方的叫答婚书。男方向女方送交通婚书后，如果女方接受了男方的通婚书，并回复答婚书，就表明双方婚约已成，双方交换的婚书由两家分别保存以做凭证和纪念。

通婚书格式

通婚书　某顿首顿首。触叙既久，倾瞩良深（如未相识即云：久藉征猷，未由展觌，倾慕之至，难以名言。）时候伏惟某位动止万福，原馆社清休，（如前人无妾即不用此语）即此某蒙稚免，展拜未由，但墠翘称重（原文如此，恐有误）。谨奉状，不宣。某郡姓名，顿首顿首。（别纸）某自第几男（或弟、或侄某某），年已成立，唯有婚媾。承贤弟某女（或妹、侄女），令淑有闻，四德兼备，愿法高援。谨同媒人某氏某乙，敢以礼请月正。若不遗，伫听嘉命。某自。

答婚书格式

答婚书　某顿首顿首，久仰德风，意阙批展（如先相识即云：求展既久，倾慕良深）忽辱荣问，慰沃逾增。时候伏惟某动止万福。原馆舍清休（前人无妻不要此语）即此某蒙稚免。

言叙未由，但增企除，谨奉状不宣。某郡姓名　顿首顿首。（别纸）某自第几女（或妹、侄、孙女）年尚初笄，未闲礼，则承贤第某男（或弟、侄、孙）未有伉俪，顾存姻好，愿托高援。请回媒人某氏，不敢，从某自。

唐代和宋代的新娘子怎么穿?

唐代婚服极其雍容华美，女服“花钗青质连裳，青衣革带袜履（同裳色，夫有官者则从其夫之品服）”。唐代新娘子结婚要穿青色的深衣，注意，不穿大红嫁衣，唐代的新郎、新娘的婚服讲究红男绿女。此外，唐高祖李渊规定了上到皇后、下到庶女的各阶层的盛装应该怎么穿，等级严格，可不能穿错了!

那么，唐代新娘子出嫁要戴什么头饰呢?唐代是没有凤冠的，唐代女子婚礼一般戴花钗、细钗、钿钗，还有步摇，花钗和细钗还有等级地位之分，身份地位越高的女子，戴的花钗和细钗也就更加华丽。前面提到过，唐代新娘子是不盖红盖头的，她们在手中会拿一把精美的扇子遮住自己的容颜，直到新郎唱完催妆诗才会露出面容，这就是唐代婚礼的却扇礼，这样新娘子的容颜若隐若现，又美丽又有神秘感。

而宋代的婚服基本沿袭了唐代的形制，但也有自己的特色，最具代表性的就是霞帔。霞帔是宋代才出现的。宋代早期新娘子同样不穿红色嫁衣，色彩以青色为主。但等到宋代后期，有了“女子从夫色”的规定后，新娘子也逐渐开始穿红色礼服，所以说大红嫁衣一定要在宋代后期以后才出现，到了元代、明代新娘子出嫁才开始普遍穿大红嫁衣。

宋代开始，新娘子出嫁就可以戴凤冠啦，凤冠也被称作花冠或凤花钗冠。凤冠最早是指用凤凰形状的钗装饰而成的冠冕。据《宋史·舆服制》中记载，凤冠形制为：“首饰花九株，小花同，并两博鬓，冠饰以九翚四凤”。到了南宋，凤冠更加奢华，在凤冠上加饰龙形，称之为龙凤花钗冠。凤冠一般的材质为银，在其上缀饰以龙纹或凤形的珠花，并镶嵌各种宝石。凤冠同样也根据身份地位的不同有严格的规定，地位等级越高的人，凤冠也就越奢华。并且宋代新娘子不再用扇子遮住自己的容颜，而改用红盖头。

【唐朝婚服】

唐代和宋代的夫妻可以离婚吗？

俗话说得好，“强扭的瓜不甜”，那么在唐代和宋代两口子过不下去了可以离婚吗？

唐代法律规定了三种离婚的类型，即出妻、义绝、和离，这三种情况有什么区别呢？

第一，出妻。也就是我们熟知的休妻，唐代法律规定了“七出三不去”：“七出”就是法律允许休妻的七种情况：

一是无子。古代认为传承血脉是妻子的职责，唐代法律规定，如果妻子到了五十岁还没有给丈夫生儿子，丈夫就能名正言顺地休妻。

二是淫佚。淫佚就是纵欲放荡，这个比较好理解，如果妻子给丈夫戴了“绿帽子”，丈夫就可以名正言顺地休妻。

三是不事舅姑。舅姑是指公婆。如果不能无条件照顾顺从公婆，不能讨得公婆的欢心，丈夫就可以正当休妻，所以古代的儿媳妇儿不好当啊！

四是口舌。如果妻子爱说闲话、搬弄是非，影响家庭和谐，丈夫也可以休妻。

五是盗窃。这里的盗窃可不是妻子是小偷，而是妻子以秘密的手段取得家族的财产。

六是妒忌。妻子善妒，自己无法为丈夫生下子嗣又不允许丈夫纳妾的妒妇，也是不被当时的社会所接受的，丈夫完全可以以此为理由休妻。

七是恶疾。指妨碍妻参与祭祀，妻患有不能与夫一同祭祀宗庙的疾病。

如果觉得“七出”使女性处在十分不利的地位，法律还规定“三不去”作为兜底，对妻子的正当权益进行了一定的保护，丈夫娶了人家就要对人家负责，不能随意抛弃。

根据《唐律疏议·户婚》卷十四“妻无七出而出之”条疏议曰：“虽犯七出，有三不去。三不去者，谓：一，经持舅姑之丧；二，娶时贱后贵；三，有所受无所归。而出之者，杖一百。并追还合。”也就是说，操持过公婆葬礼，并为公婆服丧三年的妻子不能休；贫穷时娶妻现在富贵了不能休妻；休妻之后妻子没有娘家可回的不能休妻，如果丈夫固执休妻是要受到责罚的，法律规定要打一百杖并且要求“复婚”。

第二，义绝。义绝就是说夫妻之间没有情分或者有了无法原谅的仇恨了，无法和谐地过日子，使家中鸡飞狗跳、不得安宁，国家就会用强制手段让他们离婚。唐代法律中列举了一些义绝的情况，比如丈夫殴打或杀死妻子的亲属、妻子殴打或杀死丈夫的亲属、丈夫和妻子的母亲通奸、妻子想要害死丈夫、两亲家之间相互伤害等。

第三，和离。这是一种和谐的离婚方式，夫妻之间无法把日子过下去了、双方都愿意分开，就可以和离。唐代夫妻离婚必须经过丈夫的同意，但也有妻子主动离婚的情况。

不管是哪一种情况，都要有离婚书才算合法，妻子从丈夫手中获得离婚书，再去官府把自己的“户口”从丈夫家迁出来，至此，妻子就不再冠夫姓，恢复自己以前的姓氏和身份，回归娘家生活。

那么，唐代夫妻离婚会争夺财产和抚养权吗？古代婚姻习惯，离婚后子女是要由丈夫抚养的，如果丈夫去世，妻子也可以带着子女改嫁。财产问题，古时候的女子离婚不像现在一样可以分到家里一半的财产，在古代家庭的财产是养着一大家子人的，不允许夫妻俩支配，财产的支配都是由家里的大家长决定，离婚是否给妻子补偿法律也是没有规定的，完全取决于男方家里的长辈；而妻子带来的嫁妆是不属于夫妻的，自始至终都只是妻子的个人财产，离婚时，夫家就得把妻子的嫁妆原封不动地还回娘家。所以说，在古代还有一种不成文的规矩，用妻子嫁妆的男人是会被别人看不起的。

宋代离婚的情况，以及财产、抚养权与唐代大体是一样的。再补充一点，宋代法律对女子允许离婚的规定：丈夫抛弃妻子不回家或者丈夫的户籍离开家乡转到其他地方不再回家的，女子可以提出离婚；但如果女子擅自离异是有罪的。总之，宋代的女性在离婚方面是不如唐代的女性自由的。

唐代和宋代的小妾可以“转正”吗？

在唐代，虽然妾在户籍上的身份地位是良民，但有很多妾都是由原来的贱籍“赎身”后加入良民籍的。按理说，法律是不允许贱籍女子成为别人妾室的，但不少男主人钻了“自赎免贱”这条户令的“空子”，将贱籍女子合法地纳为自己的妾室。唐代的妾室虽然身份上是属于良民的，但实际上真正良民家的女儿都是宁可嫁一位贫穷的男子为正妻，也不愿意做大户人家的妾，所以唐代的妾绝大多数都是原本出身贱籍，她们的社会地位是很低的。

放眼整个封建社会，唐代女性的社会地位整体来说是很高的，唐代的女性们可以广泛社交，不仅嫡妻可以出席各种场合或是陪丈夫“出差”，妾室也是同样可以抛头露面的，甚至妾室不仅可以在宴会上作陪男主人，还可以为宴会表演助兴。但妾的地位终究不能和正妻相提并论，正妻可以脱离丈夫自己作为“主角”主动参与各种社交活动，而妾只是作为丈夫的附属品陪同。并且妾出现的场合绝大多数都是游园、踏青、歌舞等娱乐活动，真正到了严肃正式的场合，不管男主人如何宠爱小妾，小妾也只能靠边站。

如果小妾有一个优秀的儿子做了大官，那她可以“母凭子归”吗？唐代法律规定五品以上官员的母亲可以受封，但是只要嫡母还在世，这项殊荣就落不到小妾的头上，只有嫡母不在了，儿子做了大官的小妾才可以受封。如果“孝顺”的儿子违背了这项法律私自令自己的生母受封，那么他的仕途也就走到头了，不仅要受到责罚，还会被世人指指点点。

如果这位妾室品行十分好，丈夫也十分喜爱他，那么靠着丈夫能否受封？在唐代中期以前，这是不可以的，只有嫡妻才能受封。但到了唐代中期以后，史料上出现了不少妾受封的记载，往往都是通过把妾升为妻，随即获封，但令妾室升为正室的做法在古代是不被世人所接受的，但有的男子中年遇真爱，偏要特立独行的，就只能另说了。

唐代法律规定妾不能僭越为妻，但如果妻子身亡或者丈夫还没有娶妻的情况下，妾可以行使作为妻子的权力，但也只是“行妻子之实，无妻子之名”，她们只能代替妻子赡养老人、照顾子女、管理家务等繁杂事务，家族的大事祭祀活动是正妻身份的象征，小妾无论怎样受宠也是万万不能出现在家族祭祀活动中的，这可是不敬祖先的罪过。

唐代法律中规定，如果丈夫伤害了妻子或是妻子伤害了丈夫都是要受到刑罚的，但如果是妾受到自家主君或主母的伤害，不仅要减刑，甚至绝大多数完全不会受到刑罚，所以不受男主人宠爱、不受女主人待见的小妾在家中的日子实在是不好过，许多小妾都会在家庭中受到残酷的虐待，史料中可以发现许多殴打妾室的事件最终男女主人都并没有受到惩罚。而且妾室无论有多能生，只要正妻还在世，小妾的孩子就要归嫡母抚养，小妾仅仅只是家庭的“生育工具”

那么受宠的妾室可以与妻子争宠吗？“宠妾灭妻”在唐代和宋代会经常出现吗？本质上讲，妻子是以“六礼”聘娶而来的，而妾室一般都是买的或送的，妻和妾的身份地位从一开始就一个天上、一个地下。妻子的地位受到法律和道德的保护，不管丈夫是否喜欢妻子，正妻的地位是无法撼动的；而妾室要想过得好只能靠着男主人的宠爱，男主人宠爱多一些，就能在大家庭的生活中多得一分尊重；法律规定妾室的家庭地位远远低于正妻，必须听命于正妻、服从于正妻，再受宠的小妾本质上也是正妻的奴婢。

实际上，有些男主人在妻子病逝后出于对妾室的宠爱，也会不顾法律和世俗的谴责将妾室强行升为正妻。但只要正妻不死，妾室永远是妾室，正妻不仅可以随意奴役妾室，还可以处罚、发卖妾室，史书中有不少妾室被正妻逼死或虐杀的记载。所以，妾室想要过得好一些，只能使尽浑身解数获得男主人的宠爱或是生育优秀的子女获得稳固的靠山，如果丈夫不宠、肚子又不争气，那最好的方案就是把正妻伺候舒坦了，这样才能有好日子过。

宋代的法律也严明地规定了正妻和小妾之间的嫡庶悬殊，如果男子把正妻降为妾室，要坐两年牢；把妾室抬为正妻，要坐一年半牢；纳婢女为妾室，也要坐一年半牢。不仅要坐牢，还要恢复原样，绝不可以僭越，并不是说男主人为了“真爱”坐了牢就可以把“真爱”娶回家，妾终究是妾，正妻终究是正妻。

宋代妾室在大家庭的地位和唐代一样，依旧是很低下的，再加上宋代取消了贱籍制度，奴婢在法律上也属于良人，小妾与奴婢的区别越来越小，地位近乎相等，小妾的地位比起唐代也更加低下。但是，宋代的统治者喜欢看到臣民们一家都乐呵呵的，注重正妻与妾室之间和谐的关系，宋代的社会舆论也对正妻虐待小妾进行谴责，所以宋代的妻妾关系比起唐代要和谐一些，宋代的正妻如果虐杀小妾传出去是会被唾沫星子淹死的。

宋代的法律还对小妾的生命安全予以保障，尽管小妾的地位很低，但正妻和男主人不能随意殴打、杀死小妾，否则法律也是要追责的。

宋代小妾的生命安全得到了一定的保障，但这并不影响小妾在家中更像是一件物品，男主人可以随意解除和小妾之间的关系，小妾不能反驳，正妻也可以把小妾赶走或是当礼物送给其他人；男主人和正妻甚至可以把小妾借给其他人生子；小妾还可以作为动产进行二次发卖。总之，在古代无论贫贱，能够做正妻就千万不要给人做小妾啊！当然，皇帝的妃子除外。

唐宋皇家子女的婚姻三两事

皇家子女，一般要统称为宗室，主要包括皇太子、各位亲王，以及诸位公主、郡主、县主等生来就衣食无忧，受天下供养，那么他们的婚姻大事是怎么样呢？刁蛮公主爱上穷酸秀才、霸道皇子恋上布衣姑娘这类“故事”是真实存在的吗？

首先，唐代规定禁止同姓、近亲结婚，禁止乱伦，所以说唐代的宗室们依旧不能找姓李的姑娘或小伙结婚。唐代法律还规定，结婚要门当户对，宗室不能和普通百姓结婚，所以霸道皇子爱上灰姑娘，非要娶她为正妻的事儿是法律不允许的。前面讲到的，父母之命、媒妁之言，以及婚书、婚约等也是不可少的。

唐代皇太子的正妻称太子妃，太子妃以外还可以娶两位太子良娣、六位良媛、十位承徽、十六位昭训、二十四位奉仪，品级依次递减，可见只要当了太子，后院不比他老爹的后宫小啊！

其余皇子一般会被封为亲王、郡王、嗣王，他们的正妻称为王妃，王妃以外，亲王还可以娶两位孺人、十名正六品的媵，郡王和嗣王只能娶十名从六品的媵和八名正七品的媵，除此以外再娶的女子都只能为最低等的小妾。

唐代太子、诸王，以及公主的婚姻对象集中于勋贵名臣之家，择偶第一标准就是家世门第，目的在笼络重臣、加强统治，所以皇室子弟的婚姻大多是和政治挂钩的，自由恋爱基本是不可能的。但是到了安史之乱后，唐代中央已经衰微，就要将公主出降藩镇的节度使家以作为安抚，比如唐代宗的女儿嘉诚公主、新都公主，唐德宗的女儿义章公主、义阳公主，唐宪宗的女儿普宁公主，唐文宗的女儿寿安公主，唐昭宗的女儿平原公主，她们都嫁给了藩镇节度使的儿子或者侄子。

唐代虽然有不少公主和亲，但大多数都是宗室女而并非皇帝的亲生女儿，比如众所周知的文成公主就不是唐太宗的亲生女儿，而是从李家宗室中选出来封了公主嫁到了吐蕃，皇帝才不愿意把自己的亲生女儿嫁到蛮夷之地。有着 289 年历史的唐代，送去和亲的公主共有 20 位，其中仅有 3 位是皇帝的亲生女儿，唐肃宗李亨为了感谢回纥平息安史之乱，所以答应了回纥的求亲将宁国公主嫁给回纥；唐德宗的女儿咸安公主也是因为回纥帮助平定安史之乱有功而出嫁，这位公主十分传奇，她先后嫁给了回纥三代，共四位可汗；第三位是唐穆宗的妹妹太和公主，依旧嫁给了回纥。

唐代公主出嫁叫出降，驸马娶公主叫尚；驸马们一直以来也都是勋贵重臣之家的子侄，直到唐宪宗时期，岐阳公主下嫁，才开始了与士族的首次联姻。

此外，唐代政府提倡丧偶再婚，所以唐代的公主们再嫁甚至三嫁都很普遍，唐代再婚过的公主有二十七位，其中唐中宗的女儿安定公主、唐玄宗的女儿齐国公主、唐肃宗的女儿萧国公主都嫁了三次。不过到了唐末，公主就不能随意再嫁了。唐令明文规定“公主、郡县主有子女者，不再嫁”，公主只要跟第一任丈夫有了孩子，就不能在丈夫去世之后再嫁给别人。

唐代的公主婚嫁是很困难的，大部分才俊是不愿意娶公主的。首先因为公主地位高贵，并且拥有自己的府邸公主邑司，出嫁时还有食实封的特权作为经济保障，唐代公主出嫁后往往在家中不尊礼法、肆意妄为，驸马想见自己的媳妇儿还要经过公主同意，甚至有的公主还给驸马戴了“绿帽子”，比如唐高祖的女儿永嘉公主嫁给窦奉节之后又与寿春县主的丈夫杨豫之淫乱，唐太宗的女儿高阳公主嫁给房遗爱之后与辩机和尚私通等；其次，公主如果去世了，驸马还要为公主服丧三年，这三年不仅不能再娶媳妇儿，还不能声色娱乐、不能交友社交，最主要的是这三年是不能出仕的，一位青年才俊的大好三年白白耽搁了，仕途也就走不了多远了；此外，在安史之乱后，朝局混乱，皇帝自顾不暇，许多公主在深宫中十几年见不到皇帝，四十多岁头发都白了还没议婚的大有人在。

唐代皇子和公主们结婚的流程也比普通人更加烦琐，大致过程如下：

皇太子纳妃：

临轩命使→纳采→问名→纳吉→纳征→告期→告庙→册妃→临轩醮

戒→亲迎→同牢→妃朝见→会群臣

亲王纳妃：

纳采→问名→纳吉→纳征→请期→册妃→亲迎→同牢→妃代见→婚会→妇人礼会→飨丈夫送者→飨妇人送者

公主出降：

册公主→公主受册→纳采→问名→纳吉→纳征→请期→亲迎→同牢→见姑舅→盥馈姑舅→婚会→妇人礼会→飨丈夫送者→飨妇人送者

注：同牢即夫妻入洞房；妃代见即夫妻见皇帝；妇人礼会即新娘送客；飨丈夫送者即宴请男方迎亲者；飨妇人送者即宴请女方送亲者。

宋代婚姻的法律规定和唐代类似，也是禁止同姓结婚、禁止近亲结婚等。此外，宋代提议不搞姑表亲，不过宋代人还没有考虑到基因那么深层次的问题，仅仅是因为亲上加亲是非多，容易家宅不宁。宋代社会流行的择偶标准是“不问阀阅，注重门第”，也就是只看这一辈的成就，不看家中祖辈的家世。

宋代初期公主出嫁难以走六礼程序，因为亲事是由朝廷定的，驸马是被选择的，婚事并不是由纳采之礼定下的；被选定的驸马可以获得皇帝的封赏，男方难以给公主行聘定之礼；请期也是有朝廷有司择定的，驸马家无法干涉。所以，宋代公主的出嫁流程比较特别，大致流程如下：

①系亲：这一步相当于定亲，被选定尚公主的人被拜为驸马都尉，并赐予皇族专享的“玉带、袭衣、银鞍勒马、彩罗百匹”。

②五礼：即纳采、问名、纳吉、纳成、请期，公主出降当天，

驸马家要准备雁、帛、玉、马四样物品作为五礼所用；太史局择定良辰吉日并要向宗庙告吉。

③亲迎：公主出嫁的前一日，有关部门要在内东门外量出一定大小的地方，设立坐东向西的次所，称为婿次。

公主出降当日，驸马出发迎亲之前，驸马和父亲要先走一个流程叫作醮子，驸马的父亲说："往迎肃雍，以昭惠宗祏"驸马下拜，口说："祗率严命"，再拜，降，乘马出发。驸马走到东华门内就要下马了，由礼官引导来到先前设立好的婿次。相关机构在内东门外安排公主的商簿、仪仗，等到厌翟车备好，礼官引导驸马出婿次。在内东门外弯腰躬身代着西面静静等候，掌事之人手执大雁，内谒奉雁进献。

等到公主坐到车中，驸马要再次拜公主，一起回到驸马府邸。皇后妃嫔要率领宫闱掌事人及诸命妇为公主送嫁，一直送到婚宅外面，这叫"至第之礼"。送亲诸人通常是由皇后统领，如遇特殊情况，比如皇后处于服丧期或身体不适，则改由高品级的皇妃率领宫闱掌事人行"至第之礼"，诸位命妇可以不随从而行。

④同牢：即入洞房，整个行同牢礼的过程中，三次都是驸马拜公主，而不是夫妻对拜。

⑤见舅姑：即拜见公婆，婚礼过后次日清晨，公主头戴花钗、身穿褕翟礼服等候舅姑。赞者在堂上为舅姑设坐，舅位于东，姑位于西，各自身着礼服就位。女相者引公主从西阶入堂，于舅位跟前再拜。赞者将笲枣、栗子献给公主，再由公主奉置舅公面前，公主退回原位，又再拜。女相者再将公主引至姑婆面前，再拜。

赞者将腶修（捣碎加生姜和肉桂的干肉）交由公主进献给姑婆，姑归坐，赞者回到东边的原位，公主亦回归原位，又再拜。

⑥醴妇、盥馈、飨妇：这三步是皇室县主以上的女子大婚时才可以有的步骤，是公婆对儿媳妇的宴请、回馈等。

宋代诸皇子娶妻多由官媒为皇子挑选好姑娘，皇子娶妻六礼都要完备，此外还有皇室特有的“赐告”环节，具体流程如下：

①敲门：纳采的开始，皇子向女方家送二十只羊、二十壶酒、四十匹彩缎作为敲门礼物。

②采择：皇家派遣使者前往女方家，经过一番对话问答，女方接受男方的纳采礼。这两步即纳采礼。

③问名

④告吉：即纳吉

⑤告成：即纳成

⑥定礼：皇子给女方家下定礼，意味着聘定。

⑦请期、告期

⑧赐告：在婚礼前一日，

⑨亲迎

北宋初期皇家喜欢与武将家联姻，和武将家都结为亲家，以维持统治稳定，毕竟宋代开国皇帝赵匡胤就是凭借武力推翻了后周，自然知道武将造反的严重性。北宋有九位皇帝，一共娶了十七位皇后，其中十四位出自武将之家。宋仁宗时期颁布了宗室婚嫁的正式标准，即要选择士族成婚，但一开始没有对士族做出明确地界定，导致不少远支宗室女嫁入了寒门士族之家，日子很是不好过，于是朝廷又颁布规定，不仅要看门第，还要看财产，这项规定一颁布，不少没落宗室女争相嫁给有钱人，甚至不少还嫁给了商人，商人也乐于娶宗室女子，毕竟商人虽然有钱，但是地位很低，这是商人提升自身地位的好机会。皇帝觉得宗室女嫁给商人无异于自贬身份，于是嘉祐三年又颁布规定，只有三代以内有官或者父祖曾经做过朝官（大官）的商人才能娶宗室女。总体来说，宗室女嫁人还是要求主要看人品，不能因为有钱就下嫁商人，但是皇帝对于一些生活实在困难的远亲，也是睁一只眼，闭一只眼，毕竟后期生活好了皇室子弟生了不少孩子，亲戚太多，皇帝也管不过来。

唐代和宋代的时尚女郎们最爱的穿搭

唐代是一个热情的朝代，唐代的女性们也是最大限度地展现着自己的美丽。从现存画像中我们可以看到唐代的女性常常都是梳着华丽的发饰，画着浓艳的妆容，衣服的款式也是华丽多样，轻薄艳丽。

那么，唐代女性最爱的穿搭单品是哪些呢?

一是襦，这是一种短上衣，最流行的颜色是红色、翠色、青色，还有紫色。襦有哪些心机小设计呢？首先是“时尚印花”，襦上常常装饰着禽鸟类图案，比如凤凰、燕子、孔雀、黄莺等，有的还装饰有珍珠，并且这些图案都是刺绣上去的。

二是衫，罗衫顾名思义也是一种上衣，衫和襦一样，颜色选择很多，常常绣着禽鸟类装饰。那么，这两种上衣有什么区别呢？襦比较厚，为秋冬御寒时尚单品；而衫比较轻薄，是春夏时尚单品。

三是裙，唐代女性喜欢穿长裙，尤其喜欢高腰长裙，唐代的时尚女性们可能已经掌握了“高腰显腿长”的穿搭窍门；并且还喜欢上窄下宽，秀出自己的小蛮腰。唐代女性最喜欢短襦搭配长裙，长裙有多长呢？常常可以将裙腰提高到胸前，裙摆拖到地上，唐代女性妥妥的“提高腰线”小能手。除了喜欢穿长裙，唐代女性还喜欢丝织的轻薄裙，这种裙子穿上会给人仙气飘飘的感觉。还有笼裙，这是一种罩在内裙之外的外裙，一般都是轻薄而半透的丝织品，裙子叠穿这个时尚密码唐代女性们早早就已经掌握。还有比较有个性的幅裙、破裙，这两种裙子都是多片裙，是由多片布拼接而成，幅裙有一些像现在的百褶裙；破裙更加时尚，又被称为间色裙，因为它是由多种不同颜色和布料拼接而成的撞色混搭时尚单品。

四是半臂，这是一种穿在襦衫外面的短上衣。

除了这里介绍的几种单品，时尚的唐代人还特别流行穿胡服，或者将胡服的时尚元素融入自己的穿搭中，比如“胡帽”“窄袖”“袒胸服”“回鹘装”“靴”等等。

大概了解了唐代时尚女性的服装单品，我们再来看一下当年的时尚发式。

唐代女性的发式非常多，比如云髻、螺髻、半翻髻、反结髻、双环望仙髻、惊鹤髻、回鹘髻、乌蛮髻、峨髻、抛家髻、盘桓髻、半翻高髻、飞天髻、椎髻等。这里介绍几个最基本的发式：

一是高髻，这种发型高耸着不仅显个儿高，还可以在上面插许多金银珠宝，直白地显示出“老娘有钱”，唐代流行的半翻髻、反绾髻、双环望仙髻、回鹘髻、峨髻、抛家髻、闹扫妆髻、惊鹤髻、椎髻、云髻、螺髻、乌蛮髻等都属于高髻。

二是低髻，高髻是高高耸起的，低髻就是垂在脑后的，这类发型比起高髻的盛气凌人，更加温柔、俏皮一些，是温柔妩媚美眉们的首选。唐代流行的堕马髻、倭堕髻、练垂髻都属于低髻。

除了这些发式，唐代女性还喜欢在自己的头上插各式各样的鲜花或假花，尤其喜欢插雍容华贵的牡丹，称为花髻；或是在头上插各种各样珠宝首饰，称为宝髻。

唐代的这些发型听起来都很费头发的样子，那么唐代的“秃头少女”们怎么办呢？唐代也是有假发和义髻的，唐代女性也以发量多为美，所以头发少的女性常常干脆戴上假发或义髻，打造美人“氛围感”，唐代的假发一般是用铁丝加头发编织而成，而义髻大部分是用木头或纸制成的，出门时固定在头上，十分方便。

跟唐代的热情与华丽相比，宋代女性在奢华中又透着一丝简约，她们穿衣服追求窄、瘦、长，比起艳丽更喜欢清秀和雅致。如果说唐代的服饰显示了大唐的张扬与风采，那么宋代的服饰就展示了大宋的内敛与优雅。

宋代的女性一开始并不可以随心所欲地穿搭，宋初的统治者对百姓的穿着予以规定，不能穿华丽的衣服、不能穿艳丽的颜色……但好在随着百姓们“手里有钱”，审美也得到了提高，逐渐不再遵守“上级”的规定，开始在穿搭方面开拓大宋的独特魅力。

唐代的女子穿衣热情奔放，将自己的美展现得淋漓尽致，而宋代女子则更加含蓄、内敛，她们不再穿轻薄、低胸的衣服展现自己的风姿，更喜欢用儒雅、修身的衣服展现自己的婀娜；此外，宋代的女孩子们也不再像唐代那样喜欢大红大绿的热情色彩，更加喜欢淡雅的浅色。可以说，唐代的女性热情如烈阳，将自己的美丽极致绽放；宋代的女子温婉如淡荷，将女性另一种极致的美最大限度地展现出来，即温柔、端庄、宁静，这是两种不一样的美，各具特色。

宋代女性的服装款式也很多，让我们来看一下她们的流行穿搭单品。

一是衫，衫可谓“经典永流传”，不过，宋代的衫比起唐代更加修身，能够展现宋代女性清瘦的身材。宋代形成了一款独特的衫，叫作褙子，褙子的样式采用直领对襟的领口，胸前不带襟扣，袖口紧窄，在衣裳的左右胯部开衩，以方便行动；衣长没有固定的长度，既可以在膝盖上，也可以与膝盖齐平，甚至可以长到脚踝处。宋代的女性十分喜爱这一款服饰，因为这一款服饰十分实用，不仅好穿，而且好看。褙子最初可能是劳动女性设计的，因为胯部的开衩可以方便活动，到了后来，各个阶层的女性们，上至皇后、下至奴婢，都爱上了这款上衣，并且进行了不断改进，形成了“袖大于衫、长与裙齐”的标准形制。

二是短上衣，即襦和袄，这两款短上衣比较相似。和唐代女性以“短衣配长裙”为潮流不同，宋代的短衣一般是劳动女性为了方便劳动所穿，当然，贵族女子在家也会穿，毕竟总穿着长衣服极为不方便。袄比襦略长，但比衫短，并且袄一般比较厚实，可以在冬天搭配裙子穿，让宋代女性在美丽的 同时，又不至于“冻人”。

三是半臂，唐代女子喜爱的半袖，宋代女子依旧喜欢。其实不仅女性喜欢，男女老少都喜欢，毕竟这款单品实用性非常强，既可以保暖，又没有宽大的袖子影响活动。

四是裙，唐代女性喜欢穿轻薄且仙气飘飘的裙，但宋代女性认为应该将自己的身体包裹起来，所以她们不再穿宽大而轻薄的裙子，转而改良为长款百褶裙，行走起来不仅方便而且褶子随着步伐摆动，美丽得很！除了百褶裙，宋代女性还喜欢穿旋裙和合欢掩裙，旋裙的样式类似于衣衫中的褙子，这种裙子在身体的前后两侧都进行了开衩的改良，也是为了适应劳动女性方便劳动而生，后来上层女性发现这种裙子很方便，也纳入了自己的常服，毕竟在家中还是穿得方便舒适的好。合欢掩裙是将裙子和裤子合穿，也就是先穿一条裤子外面再套一条短裙，这样穿起来既好看又行动自由，所以说现在小众穿搭博主分享的裙裤叠穿也是宋代女性玩儿剩下的。

宋代女性喜欢什么发型呢？和唐代女性一样，宋代女性依旧喜欢高高的发髻，宋代女性的高髻和修身窄长的服饰相互呼应，别有一番韵味。除了追求高耸以外，宋代女性的发型也在巧手下玩儿出了不少花样，比如同心髻、螺髻、包髻、云髻等，唐代温妩媚的坠马髻，也被宋代女性继承了下来，与宋代女性温柔清雅的气质相配。

可能在头发上插首饰已经不能满足宋代的女性了，宋代女性对冠子情有独钟，夸张、新颖的宋代女性妆饰与宋代女性清雅、内敛的衣裳风格形成了鲜明对比。那么，冠子奢华之风有多夸张呢？后来宋代皇帝三番五次地颁布禁令，就是为了制止女性冠子的奢靡。比较有代表性的冠子有十分高大的白角冠、鹿胎冠、鱼枕冠、珠冠、花冠、钗冠等。

既然冠子太过奢华，不被允许佩戴，爱美的宋代女性还有一些雅致的发饰，比如翠羽，是用蓝翠、羽毛制作而成的头饰，如果说冠子是“暴发户”，翠羽就是“低调的奢华”，这种头饰的确是价值连城，比起冠子有过之而无不及。节俭的宋代皇帝又一次禁止女性们喜爱翠羽的奢靡之风，但女性爱美的人屡禁不止，翠羽活跃于整个宋代女性的头上。宋代的女性还别出心裁地用精美的梳子和篦子装饰自己。

衣冠楚楚
风度翩翩

唐代和宋代的男子怎么穿？

古代女子的服饰款式多样，但男子服饰的质地、颜色、款式，与男子的身份地位相符合规章制度。

唐代涉及“穿衣规矩”的法令就有《武德令》《贞观令》《永徽令》《麟德令》《垂拱令》，以及《开元初令》（三年）、《开元前令》（七年）、《开元后令》（二十五年）等，基本上每颁布一部全国性的法令，就必然会对唐代人如何穿衣服这件事三令五申。

唐代初期穿衣还没有形成独特的大唐风潮，整体上还是遵循隋代的旧风尚，即“辨尊卑”“异等差”，人与人身份地位之间的尊卑贵贱在穿衣上体现得淋漓尽致。到了唐代开元以后，随着社会在逐渐开放自由，服饰制度开始松懈，穿衣款式多样，还融入了不少胡风元素。唐代中后期安史之乱后，不再流行胡服和胡风元素，穿衣规定的重点放在了禁奢靡上。

首先来看唐代官员是怎么穿衣的？官员在不同场合要穿不同的衣服，这都是有规定的，穿错了不仅贻笑大方，还可能招来杀身之祸。官员最隆重的服饰叫作冕服，也称“吉服”“祭服”，这是祭祀时穿的衣服，祭祀对于古人来说可是超越一切的大事。

举行隆重典礼或是大朝会时穿的是朝服，官员上朝时身着朝服，头上佩戴的帽子也是有讲究的，皇帝戴的那种前有金博山，后有卷梁的叫作通天冠；太子或是诸位王侯戴的是形状如山的远游冠；普通官员戴的一般是“进贤冠”“武弁大冠”等。我们可以通过唐代官员的朝服区分他们的地位高低尊卑，朝服只有七品以上的官员才可以穿，为红纱外衣和白纱内衣，一般通过一些金玉装饰的珍稀多寡来区分等级。此外，还有一个比较特别的叫作簪笔，看见簪白笔的，肯定时七品以上的御史、史官和侍从。

日常办理公务时穿的服饰叫作公服，公服比起祭服和朝服比较简约，没有那么多配饰；穿公服时头戴漆纱笼冠，这种冠子外罩乌纱，也就是我们常说的乌纱帽。但传统的朝服和公服由于长衣宽袖不是很方便活动，唐代官员们吸收借鉴了北方少数民族的一种服式——袴褶，这是一种上衣下裤的穿搭，上身穿褶衣、下身穿下袴，为了突出作为朝会服饰的隆重感，唐代还将传统服式与袴褶进行了元素融合，要求穿袴褶时要用祭服专用的大带来代替袴褶原有的腰带，头上也还是要佩戴朝服、公服的冠。

官员在日常礼见、拜会中穿的衣服叫作常服，也叫“燕服”“宴服”，常服并不是家里随便穿的居家服，而是比较简约的常用礼服，大多为圆领袍服，前后襟的下缘用一整块布拼接为横襕，所以也称圆领襕袍；常服不戴乌纱帽，而是戴幞头，是一种类似头巾软帽带脚的首冠，但唐代幞头的脚还是略挺的，并不像宋代那样呈直脚状。

唐代对于各阶层的穿衣颜色也有明确规定，上可以通下，但下不可以僭上，所以只有身份地位高的人才能穿多种颜色，亲王及三品以上的大员可以穿紫色；五品以上可以穿红色；六品七品穿绿色；八品九品穿青色；像是庶人、奴婢等底层人士只能穿黄色和白色，妇人可以遵循丈夫的颜色穿衣。到了龙朔年间，有一个叫孙茂道的人上奏，八品九品的官员穿的深青色和三品以上的紫色十分接近，猛一看分辨不清，八九品的下品官员怎么能穿这种尊贵的颜色？于是八品九品又改为碧色。

到了上元年间，又对穿衣颜色进行了最新的规定，三品以上穿紫色；四品穿深红；五品穿浅红；六品穿深绿；七品穿浅绿；八九品穿浅青；庶人穿黄色。

一是襕衫或襕袍，是唐代男子最爱的穿搭单品。衫与袍的区别就是衫是春夏的单衣，袍是秋冬的厚衣。唐代襕衫（袍）是一种圆领、窄袖、上衣下裳相连、膝盖下加襕的一种服装，官员或士人日常最常穿的就是这款单品，只不过官员可以根据品级穿紫、红、绿等颜色，庶人只能穿白色襕衫。

二是缺胯衫（袍），是一种圆领、窄袖、长至膝下或脚踝、在两胯下开衩的袍服，开衩的长袍方便劳作行动，这款衣服最早是武官士兵所着，后来普通庶民和奴仆等发现这衣服的优势，就拿来当作自己的日常穿着。

三是犊鼻裤，唐代男性最常穿的是普通的长裤，犊鼻裤是一种短裤，一般不外穿，有一些类似于现在的内裤。

四是锦半臂，前面提到唐代无论男女皆爱穿短袖，但与女子短袖外穿不同，男装的半臂一般是穿在汗衫之外、袍服之内。

五是裘服，这是冬季御寒的一种厚衣服，大多使用动物皮毛制成，地位高的人可以穿紫色的貂裘或是鹿裘等，而普通百姓只能穿兔裘，或是布裘。唐代还有一种珍贵的裘服叫作集翠裘，是用翠鸟的羽毛制成，想一想将发饰中的极品原料点翠制成一件大衣有多奢侈，真的是价值连城。

唐代男子的内衣叫作中单，也叫“汗衫”“半臂汗衫”；唐代男子的拖鞋叫作“屐”，根据制作材料的不同，有木屐、皮屐、麻屐等，所以说日本人最爱穿的木屐也是咱们唐代人玩儿剩下的。

宋代男子的服饰大体上沿袭了唐代的旧制，但也有一些自己的创新。风雅的宋代人穿衣不兴华美，而是更注重简朴和舒适，就算是统治者也以平纹、素纹、小提花的驼色、褐色为主。

宋代官员的服饰还是按照不同场合有祭服、朝服、公服，不过早在唐安史之乱后就不再借鉴北方少数民族的服饰元素了。宋代男子的日常服饰以大袖圆领袍为主，头上戴的幞头也比唐代的脚要更直、更长，直脚幞头是宋代男子服饰的一大特色。在隋唐时期幞头的脚最早是两条带子，后来逐渐挺立，到了宋代幞头已经从巾变成了硬挺的帽子，到了宋代中期，幞头的脚已经足足达到两尺之长。宋代人除了特别庄严隆重的场合要戴冠冕外，其他大小场合、社会各个阶级都喜戴幞头，但日常生活中，长长的直脚幞头会限制活动，所以平常也是可以戴小的软脚幞头的。

宋代官员的朝服有一大不同于唐代的特色是方心曲领，这是一种项颈饰品，上圆下方，一般直接将圆形的部分套在脖子上，方框部分作为点缀悬在胸前，这种饰品起到将衣领压服帖的效果，一般用在交领外袍朝服之外。宋代的朝服一般都是一身朱红，内穿白色内衬，腰间束大带和革带，头戴进贤冠。

唐代男性爱穿的圆领襕衫，宋代初年依旧是王公士族的钟爱。不同之处是，宋代初期会在圆领襕衫内加衬领，唐代中早期圆领都是直接贴着脖子穿的。背心在唐代仅仅会当作内衣穿，但到了唐末至宋代之后，农夫们会将背心外穿，清凉方便。

宋代初期对于衣服颜色的规定遵循唐制，到了元丰元年又有改动，不再用青色，四品以上都可以穿紫色；五六品穿红色；七八九品穿绿色。平民百姓一般只能穿黑色，宋太宗时期颁布诏令："近年品官绿袍及举子白襕下皆服紫色，亦请禁之。其私第便服，许紫皂衣、白袍。旧制，庶人服白，今请流外官及贡举人、庶人通许服皂。"

唐代流行的圆领窄袖是对北方少数民族服饰元素的吸收，安史之乱后的晚唐开始逐渐摒弃外来元素，再加上宋代重文轻武，崇拜中国本土文化，大袖交领又逐渐占据主流服饰审美。日常的交领长袍外不戴方心曲领。

【唐官员画像】

唐代和宋代的女性流行什么妆容？

爱美是人的天性，唐代女性的化妆步骤大致是：上“粉底”、打“胭脂”、画眉毛、染额黄或贴花钿、点面靥、描斜红、涂“口红”等。

上粉底在古代叫作敷粉，历朝历代的女性都是以白为美，毕竟“一白遮百丑”嘛！唐代女性喜欢多露一些自己的“女性之美”，所以她们的粉底不仅要涂脸，还要涂脖子、胸、胳膊等，精致女生一定是从头到脚都是精致的。不过古时候的粉底可没有现在这么高端，她们用的都是铅粉或者米粉，铅粉比起米粉更加细腻一些但是用久了脸色会青黑，毕竟铅是有毒的，古代女性为了漂亮真是付出了很大的代价。

唐代女性的流行眉形可是非常多的，唐玄宗甚至让画师画了《十眉图》，将十种流行的眉形记录了下来，包括鸳鸯眉（又名八字眉）、小山眉（又名远山眉）、五岳眉、三峰眉、

垂珠眉、月棱眉（又名却月眉）、分梢眉、涵烟眉、拂云眉（又

名横烟眉）与倒晕眉。总之，在唐代，只要你想得到的眉形妆容，你都可以画上出门“炸街”，甚至可能成为潮流。

而额黄就是把额头染黄；花钿就是用金箔片、黑光纸、鱼鳃骨、鲥鳞、茶油花饼、螺钿壳、云母及丝绸等材料剪制成各种图样装饰在脸上；斜红是两颊画两道月牙形的装饰；面靥则是点在脸上的假酒窝。

唐代女性的唇妆也特别多样，总体来说还是跟倾向于颜色鲜艳的樱桃小口。

整体来说，唐代女性的妆面有几十种。比较流行的妆面大体可以划分为白妆与红妆两类，红妆是唐代女性的主流妆容，唐代的美人们都喜欢在整张脸都敷上胭脂，红润有气色。白妆包含泪妆与啼妆等，红妆则包含檀晕妆、酒晕妆、桃花妆、飞霞妆等。而紫妆、赭面、墨妆、慵来妆和血晕妆等为特殊面妆。

泪妆：用白粉抹脸颊或是点在眼角，可以营造出似哭非哭、楚楚可怜的妆感。

啼妆：像哭过一样的妆容，常常将斜红、愁眉和红色的眼妆搭配起来。

檀晕妆：先用浅赭色铅粉打底，然后施以檀粉，面颊中部微红，并逐渐向四周晕染。

酒晕妆：先用白粉打底，再将胭脂擦在两颊，脸颊红红的像是喝醉了一样。

桃花妆：画法和酒晕妆一致，只不过胭脂要淡淡敷在两颊，酒晕妆的胭脂要更浓一些。

飞霞妆：现在脸上涂一层胭脂，再把白粉轻轻罩在脸上。

紫妆：偏紫色的底妆。

赭面：将面部涂成红褐色，嘴唇涂成黑色。

慵来妆：薄傅红粉，浅画双眉，鬓发蓬松而卷曲，给人以慵困、倦怠之感。

血晕妆：将眉毛剃光，再在眼下画几道红色或紫色的痕迹，像是血迹一般。

宋代的女性化妆的步骤整体和唐代是一致的，但也有一些自己的特色，整体比起唐代要更加追求淡雅。宋代中原地区女性依旧更喜欢红妆，而北方女性则钟爱佛妆，就是满面涂黄，这种妆容不仅好看，还可以保护皮肤免受风沙的伤害，一举两得。宋代女性对于眉毛的追求不再像唐代那样喜欢粗阔、浓壮，宋代女性比起浓眉大眼更喜欢清秀的眉眼，她们更加追求细长而弯曲的眉毛，颇有清新而楚楚可怜的样子。宋代女性除了继承了前代的泪妆、慵来妆、檀晕妆等，还有一些新款妆容，比如梅妆、佛妆、绣面、花钿妆等。

梅妆：在眉额上点画或粘贴梅花形花钿，又称梅额、落梅妆、梅妆额等。

绣面：用针在脸上扎刺出花纹，填上颜色，类似于现在的“纹绣”或“文身”，主要流行于南疆少数民族。

花钿妆：在脸上贴黑光纸剪成的各种形状、鱼鳃或珍珠。

【唐妆容】

【宋妆容】

唐代人都喜欢胖女孩儿吗？

唐代人真的都喜欢丰肥的美人吗？

唐代初期的审美还是延续了前代喜欢“纤瘦”美人的审美习惯，最受欢迎的是“小蛮腰”美人，唐初僧人法宣《和赵王观妓》诗亦云“宫里束细腰”，还有“小腰丽女夺人奇”（吴少微《怨歌行》，卷九十四）、“一搦掌中腰”（李百药《少年行》，卷四十三）、“愿作轻罗着细腰”（刘希夷《公子行》，卷八十二）等诗句都可以确定。

到了武则天执政前后，武则天和太平公主都是丰满肥硕的身材，并且以之为美，唐代人的审美开始发生变化，不再以纤瘦为主流。武则天和太平公主作为当时最尊贵的女性，引领着当时的时尚潮流。那个时期纤瘦是美、丰满也是美，再加上唐代社会非常开放包容，女子可以经常外出，也可以参加一些运动活动，肯定有不少“健身达人”，而不像以前的女子“大门不出、二门不迈”，只有一身骨架子，所以唐代中期开始的审美开始多元化，健康丰硕之美逐渐代替“白瘦幼”成为主流。

而唐玄宗时期，有一个著名的丰满大美人，那就是杨玉环。现存诗句中还能看到不少描述杨贵妃“丰腴”“贵妃素有肉”等字句，怎么看杨贵妃都不是一位骨感纤瘦的女子，而是一位丰腴富态的肉感女性。那个时候，美人的标志不再是细腰，而变成了丰满和圆脸。据《杨太真外传》记载：“贵妃有姊三人，皆丰硕修整，工于谑浪，巧会旨趣。”不仅是杨贵妃是胖美人，她的姐妹们也都是胖美人，杨贵妃和她们姐妹们穿戴妆容也是京城女子争相模仿的范本，杨贵妃的丰满之美成为当时京城的主流审美范本。但这也不代表，盛唐时期纤瘦美人就是不好看的，纤瘦与丰满都被世人所欣赏，比如传说中的梅妃就是一位瘦美人，各人有各人的审美，那是一个开放包容的时代，每一个女性都可以展现自己的美丽，无论是纤瘦柔弱之美还是丰腴妩媚之美。

但是到了唐代中期以后，大唐的繁盛一去不再，又开始流行纤瘦的审美，其中有很大原因便是那时候开始战乱频发，人们连饭都吃不饱还要长途跋涉地逃难，怎么可能再养出一身丰满肥硕的身材。

等到晚唐、五代、宋代，体态纤瘦，柔弱婉媚的女子是最受欢迎的，丰满肥硕到纤瘦柔弱，这体现了大唐由繁盛再到衰落，唐代人的审美经历了由纤瘦到丰满再到纤瘦的过程，而“以胖为美”恰恰代表了大唐最繁盛的时代，是大唐审美最具特色的一笔，所以唐代人“以胖为美”才流传了下来。

宋代女性那些花里胡哨的冠子

其实冠子并不是宋代时尚女性的专属发饰，唐代女性就已经开始戴冠了，她们大多是宫廷贵妃、女性出家人或是女乐者，宫廷贵妇一般戴华丽的高冠、出家人多戴玉叶冠、女乐者一般戴碧罗莲冠，但唐代冠子却没有成为潮流大范围流行起来。

宋代女性的冠饰主要由唐代的高冠和花冠发展而来，冠饰在宋代达到了一个顶峰，宋代的冠子比起唐代更加雅致、种类款式也更多。

宋代统治者将凤冠和花钗冠纳入后妃和命妇的正式礼冠，宋代后妃的冠子是有明确等级规定的，整体借助了团冠的造型，在上面装饰花树、博鬓、凤凰、翚鸟、游龙和珠旒等精致的饰物。团冠是一种外形为圆团状，内部以竹篾或白角为骨架的冠子，外表有时候会涂成绿色，上面装饰各种精美的金银饰物，是宋代十分流行的一种冠；在团冠的四周装饰长长的能下垂到肩膀的弹肩，就形成了弹肩冠。

宋代皇后、皇太后在重要场合戴的冠子叫龙凤花钗冠，太子妃、公主、王妃的冠饰在龙凤花钗冠的基础上去龙，为凤冠，形制有很多种，比如真珠九翚四凤冠，花九株，小花同，并两博鬓，冠饰以九翚、四凤。

朝廷命妇戴的冠叫花钗冠，由花钗和博鬓组成。花钗冠通过花钗以及博鬓上装饰的宝钿的数量的多寡预示着等级的高下各有不同。

除了这些礼冠，宋代女性更常佩戴的是便冠，便冠的款式就更多了，接下来一一介绍：

一是珠冠：用珍珠制成的冠子，珠冠毕竟华贵，一般是后妃贵妃佩戴。在后妃礼冠上也常常有大量珍珠装饰。宋代最名贵的珍珠为北珠，北珠冠价值连城，一般只有得宠的后妃和公主才能佩戴。

二是花冠：用花装饰的冠子，既有鲜花，也有用金银珠宝或丝帛制成的假花。宋代人本来就喜欢簪花，所以花冠非常受女性们喜爱，比较有代表性的花冠有：装饰有四季花朵的“一年景花冠”、花朵有重台并且高达两尺的“重楼子花冠”、模仿玉兰花形态的“玉兰花冠”。

三是白角冠：装饰有白角冠梳的冠子，白角冠十分高大，有三尺长，还要搭配多把长达一尺的冠梳“上下相和，左右对称”，两侧常常还有下垂到肩的装饰，十分华丽，宋仁宗曾经为了制止这种奢靡现象，下令要求“不得以角为冠、梳，冠广不得过一尺，长不得过四寸，梳长不得过四寸”。

四是鹿胎冠：这种冠子的制作材料比较奇特，目前尚无定论，有人认为使用胎鹿的皮毛制成，也有人认为是由孕鹿的肚子加工后制成，也有人认为是将母鹿流产后的胎宰或从母鹿肚中的胎仔制成，总之，这是一种比较残忍的冠子。

五是鱼枕冠：用鱼头骨经过装饰制成的冠子。

【花冠图】

唐代和宋代的女子裹脚吗？她们的内衣是什么样的？

中国女性缠足的习俗到底起源于什么时候，这个问题一直争论不休。那么，唐代和宋代的女性是否裹脚呢？

根据《中华女性缠足考》显示，“缠足之事，始于隋唐之际，然不过宫廷中偶一为之，还不能成为一种风尚”。可以确定的是，唐代宫中可能会有个别引领风潮的女子缠足以取悦夫君，但还没有成为普遍的现象。

关于缠足的起源不外乎以下这些说法：

一是缠足起源于商代，因为商纣王的宠妃妲己是狐狸变的，脚没有完全变成人脚，为了防止被发现，所以用丝帛将脚缠起来，宫中女子以妲己为美，所以纷纷效仿。但妲己是不是狐狸还不好说，所以这种说法还是当神话听听就好。

二是缠足起源于春秋，南宋嘉定时期瞿中溶所编纂《汉武梁祠堂石刻画像考》中记载，画中老莱之母与曾子之妻的鞋头都是尖尖的。因为穿尖头鞋就断言人家裹脚也未免有些牵强。

三是缠足起源于汉代，明代杨慎写的《丹铅总录》中引用《杂事秘辛》中记载汉桓帝的皇后梁商女用细绢束足，足长八寸。汉代的八寸相当于清代的五尺六寸，已进入裹足的行列。

缠足起源于晋代，《晋书·五行志》中说道：男子穿方头鞋，女子穿圆头鞋；而唐代《车服志》中记载，圆头样式的鞋靴都是适用于小脚的。

四是缠足起源于六朝，依据南齐东昏侯为潘贵妃用凿金为莲花贴地，命潘贵妃行走在莲花上，称为步步生莲花。

五是缠足起源于唐代。据传闻杨贵妃是三寸金莲。

六是起源于五代时期，南唐后主李煜宠幸舞女，他有一个宠妃身材纤细、能歌善舞，李煜为她建了一座六尺高的金莲舞台，并用宝物装饰，莲花中作五色瑞云，让那位宠妃用帛裹脚，使脚屈成新月状，像是在云间跳舞一般，之后许多女子觉得漂亮便纷纷效仿。这个起源听起来还靠谱一些！

证明唐代女性不裹脚的证据还有：一般裹脚的女子都把小脚当作隐私部位，绝不轻易暴露，就算是睡觉也要裹着脚，而唐代诗文中不乏唐代女性在河边洗脚的描写；再加上唐代的女性喜欢穿男装和胡服，这两款服装搭配的都是靴子，如果缠了小脚，岂不是走两步靴子就掉了。

到了宋代，女性就开始广泛缠足了，在宋代小脚已经成为女性的标志之一。宋代学者张邦基在《墨庄漫录》中写道“女性之缠足，起于近世，前世书传，皆无所目”；宋代大诗人苏东坡还写了一首《菩萨蛮·咏足词》来夸赞小脚的美丽。到了宋徽宗宣和年间，缠足已经成为一种风尚，这个时期出现了专门用来缠足的鞋子，叫作“错到底”，鞋底是尖的，鞋前后都绣着金叶和云朵，坡跟有三寸长，鞋上有丝绳，把鞋系在脚踝上。南宋都城临安的名妓们也以小脚闻名，当时叫作“杭州脚”。

但是缠了小脚“底盘不稳”，走路都走不快，更别说为生计干活儿了，所以此时缠足的风尚还集中在皇家贵族阶层和富贵人家，普通人家的女子比起美丽的小脚还是填饱肚子更重要。

内衣在古代一般叫作亵衣或小衣，秦汉时期的内衣主要有贴身吸汗的汗衣和已经具备一定内衣修饰功能的心衣；魏晋南北朝时期，从北方游牧民族传入了一种新款“背心式”内衣裲裆，秦汉时期的心衣只能挡胸和肚子，裲裆还可以挡背。无论是心衣还是裲裆，都只仅有遮蔽修饰功能。

在唐代之前，女性的内衣还只是私密遮羞服饰，随着唐代袒领装的流行，出现了一种新款内衣诃子，诃子已经形似于现代女性的胸衣。之前的内衣都是有肩带的，而诃子是没有肩带的。

现在流行的内衣外穿的穿法其实是唐代女性玩剩下的，当时唐代女性有一种流行的半露胸式裙装，将裙子高系于胸际，上身露出诃子，两肩、上胸以及后背三部分均袒露在外，裙装之外再套一件透明罗纱，清凉且性感。

诃子对于唐代女性来说可不只是展现女性之美这一种功能，唐代女子的诃子没有肩带，从而可以让唐代女子们自由活动，抛蹴鞠、打马球等各项运动都可以轻松举起胳膊不受束缚；其次，诃子已经具有了胸乳塑形功能，以前的内衣都是要紧紧勒住胸部，以压平胸乳，唐代的诃子在胸部以下的部位要系一条带子固定，从而能使胸部挺立，美化女性体型、展现生理曲线。

宋代女性的内衣有抹胸和裹肚，裹肚的尺寸要比抹胸稍长一些。宋代女性又重新开始流行束胸，所以出现了抹胸。抹胸既可以遮蔽胸乳，又可以遮蔽肚子，上端和腰间各有两条绢带可用来系带固定，部分宋代女子穿抹胸还沿袭了唐代女子穿衣露胸脯的穿戴方式，外穿一件对襟的褙子，露出里面的一字抹胸。裹肚上下都有系带，主要用于包裹腹部，形制和抹胸很相似，只不过裹肚更长些，侧重于收腹的功能。

夜市千灯照碧云
高楼红袖客纷纷

唐代人和宋代人没有电灯怎么照明?

唐代人和宋代人没有电灯怎么照明呢?只依靠蜡烛照明吗?除了蜡烛还有哪些灯具呢?

唐代人的灯具不仅能满足照明的需求,还开始广泛使用兼具照明和装饰功能的彩灯。唐代百姓普遍使用的照明工具为油灯、烛灯、火把。油灯是制作最简易、价格最便宜的,所以普通百姓家常用油灯。但蜡烛一般是有钱人家才能用得起的,唐代的蜡烛制造技术已经很成熟了,蜡烛灯比起油灯更加明亮且油烟较小,蜡烛照明在唐代富贵人家已经普及,还出现了诸如李白诗中“听歌舞银烛”中的银烛和孟浩然诗中“续明催画烛”中的画烛等多种类型的蜡烛,银烛是银檠红烛,画烛是饰有纹绘的蜡烛。唐玄宗时期的富贵人家还从申王李撝那里学来了一种奢侈的燃烛方法,“以龙檀木雕成烛跋,童子衣以绿衣袍,系之束带,使执画烛列立于宴席之侧”,称之为烛奴。唐代最流行的高档灯具是白瓷灯,制作精美、造型美观,是唐代邢窑出品的高端工艺。

宋代的照明工具继承了唐代灯具，且还有较为丰富的发展。宋代人日常生活中的照明依旧是平民家大多使用油灯，富贵人家大多使用烛灯。在四川地区还出现了省油灯，这种灯采用“夹瓷盏”构造，油灯盏壁是一个中空的夹层，侧边有一小孔，从小孔可以往盏壁内注入清水，灯油放在盏上，清水可使盏温度降低，减少灯点燃时油的挥发，从而可比普通油灯省足足一半油，读书人常常要彻夜读书学习，自然很费烛火，所以这种省油灯一经发明，十分受读书人喜爱。宋代人还发明了一种计时油灯，可以根据灯油的水平线粗略估计时间。

宋代的蜡烛制造也更为发达，有蜜蜡蜡烛和虫白蜡蜡烛两种，尤其是虫白蜡的养殖和使用更为普及。

总之，宋代的照明技术比起唐代取得了巨大的进步，这也为宋代夜市经济的繁荣提供了“照明支撑”。

唐代人和宋代人有夜生活吗？

早在周代开始，我国就开始实行宵禁制度，百姓们到了晚上就不能随意走动，更别说有丰富的夜生活了。唐代虽然开放，但唐代依旧沿袭了前代的宵禁制度，那么什么是宵禁制度呢？宵是夜晚，禁是禁止，宵禁就是禁止夜间活动，在唐代，除了一些重大节庆日的夜间可以出门，平常到了夜间宵禁时间，百姓们就只能宅在家。

那么，唐代人怎样知道到了宵禁的时候呢？在电视剧中常常见到有官兵在街上敲着锣，喊着"宵禁了，宵禁了"的场景，实际上，一开始确实是官府派人在大街上传呼告诉百姓们到了宵禁时间啦。到了唐太宗时期，有个叫马周的人体谅官兵们的"嗓子"，便献了一计，在城市的各主干道设立了街鼓，到了要宵禁的时候就敲鼓，用鼓声代替了原来的金吾口头传呼，百姓们听到宵禁街鼓，就知道是时候该回家啦。（注：金吾指禁军、卫军）

如果宵禁之后还出门会怎样呢？举一个例子，唐高宗年间设立的法典《唐律疏议》中记载："诸犯夜者，笞二十，有故者，不坐。"唐代在宵禁的闭门鼓敲响之后，早上的开门鼓敲响前，只要随意出坊走动，都会受到鞭打二十下的惩罚，二十下板子足以皮开肉绽，所以还是乖乖遵守规定吧。

但是有的时候晚上真的有急事，比如老婆要生了，皇上突然召见你入宫这些突发情况怎么办？唐代的宵禁制度还是很人性化的，对于"有故者"，即有公事、急事，再或者生了急病要去看医生，都可以先写个文书证明自己的出门理由，经过审批之后可以根据文书出入而不受惩罚。

另外，唐代夜间所谓的"不能活动"指的是不能在街道上活动，在自己家所在的坊内还是可以自由活动的。

直到晚唐，宵禁制度才逐渐松弛，唐代人在晚间逐渐可以开始娱乐，但唐代人的"夜生活"整体而言是不如宋代人丰富的。

到了宋代，坊与坊之间的高墙都被拆除了，宵禁制度被取消了，再加上宋代商业十分发达，宋代百姓"手中有钱"，十分"会玩儿"，只要你不违法，就可以在晚上放肆随意嗨。有诗云"梁园歌舞足风流，美酒如刀解断愁。忆得少年多乐事，夜深灯火上樊楼。"宋代人的夜生活可谓能吃、能玩儿，酒楼茶馆勾栏瓦舍小吃街樊楼任你挑选。

汴京城夜市可谓是我国夜市的鼻祖，有一个著名的夜市叫州桥夜市，这条夜市是宋代最大的小吃一条街，既可以和家人朋友小聚一下品尝鸡鸭鱼肉美味菜肴，也可以边吃边逛买一些梅子姜、杏片等小零嘴，还可以带着姐妹来品尝汴京最流行的甜品，比如冰雪冷元子、甘草冰雪凉水等。在不同的时间、不同的季节，还会有一些“季节限定”等你来品尝。这条小吃一条街每晚会开到三更。由于宋代夜市太过繁华，许多商贩占道经营、违章搭建，于是宋代就有了城管执法大队——街道司。

如果逛夜市逛累了，宋代人还可以在马行街上雇驴车或马车回家，马行街是宋代东京最繁华的夜市街道，这条街上有非常多的酒楼，一到晚上灯火通明、人来人往，由于彻夜点满烛灯，就算是盛夏也连只蚊子都看不见（蚊子都被烛火的烟熏跑了）。

宋代的外卖业也十分发达，不少宋代人甚至可以天天不开灶。“宅男宅女”们不想做饭、不想出门，宋代的酒楼饭店也可以满足他们可以在家做“快乐肥宅”的愿望，只要有钱，“外卖小哥”就会把美味佳肴送到府上。

吃饱喝足的宋代人还可以聚在一起到茶肆斗茶、在酒楼品酒、在勾栏瓦舍听小曲、看杂剧、听故事等；如果兴致正浓、钱包还鼓，还可以与色艺双全的歌姬们共同饮酒作乐、吟诗作对、歌舞升平，据《东京梦华录》记载，东京御街宣德楼西“皆妓馆舍 ..... 御街朱雀门以东，有状元楼 ..... 余皆妓馆”，东京城可谓是妓馆林立，不过大部分的妓女都是卖艺不卖身的哦！

此外，宋代人的夜生活还有踢蹴鞠、射箭、相扑等体育活动；喜静的文人会在夜间抚琴吟诗、赏花赏月，落魄的文人还可以在夜市贩卖自己的“大作”以获得生计……好不乐哉！

宋代东京的大酒楼“樊楼”有多繁华？

20 世纪 80 年代初，宋都开封重新修建了一座樊楼，放在了宋都御街的西侧。现在的樊楼由当初的酒店变成工艺品和古玩收藏品的市场了，无论怎么说，樊楼都是大宋文明一张亮丽的名片！

樊楼，是宋都城东京的第一大酒店。在《清明上河图》中我们可以看到，宋代的大酒楼处于城市最繁华的中兴地带，又高又华丽，堪称城市的“中心地标”；宋代从地方到京城，酒楼业都十分发达，其中以东京城和临安城为繁华之最。

东京和临安是两个人口过百万的大都市，城里处处都是大酒楼，据《东京梦华录》记载，仅九桥门街市一段，酒楼林立，绣旗相招，竟然遮蔽了天日。有的街道竟以酒楼而设名，如“潘楼街”“杨楼街”。

《东京梦华录》中还记载了东京城中著名的酒楼有七十二家，比如炭张家酒店、遇仙正店、状元楼、清风楼、潘楼、中山正店、看牛楼、铁屑楼、高阳正店、庄楼、欣乐楼、仁和店、姜店、宜城楼、药张四店、班楼、刘楼、八仙楼、张八家园宅正店、王家、李七家正店、长庆楼等。

樊楼又名白矾楼，也作矾楼、丰乐楼，位于东华门外，大约在今天开封市的南京巷附近。《东京梦华录》记载，樊楼比皇宫还要高，樊楼的内西楼是禁止市民站上去远眺的，因为樊楼的第一层就可以向下看到皇宫。王安石曾经作了一首诗叫《登丰乐楼》，丰乐楼也就是樊楼的别称，诗中抒发了他站在樊楼上“此地去天真尺五，九霄歧路不容寻”，由此可知，樊楼最大的特征就是高！《事林广记》图中的樊楼有三层，但这样三层的建筑往往要现在下面建两层的砖石台基，台基上再立永定柱做平座，平座之上才开始建楼，所以樊楼的三层可能足足有四五层之高。

樊楼不仅高，规模还很大，据史料记载，樊楼是由等高的三层楼又五座高楼组成的庞大建筑群，高低错落，富有韵律，每座楼既可以独立又能互望，楼与楼之间，高架飞桥，曲阑通幽，灯火与珠帘交相辉映，犹如人间仙境。所以说，樊楼不只是一座高大的楼，而是一组高大的建筑群。

樊楼作为东京最大的酒楼，每天有上千人到这里饮酒，樊楼的楼上有六十阁儿，类似于现在的雅间，楼下有七八十幅桌椅板凳。樊楼的消费也很高，达到了奢侈的地步，北宋庆历年间，樊楼一顿普通的酒席就能花费万把千缗。楼下大堂面向的消费者主要是中等市民，而楼上的雅间就是面向高档消费者的，楼上的走廊中有陪酒女随时等待召唤，当时称点花婢。

樊楼除了与宋徽宗有“艳遇”的李师师外，还有徐婆惜、封宜奴、孙三四等。

【樊楼图景】

唐代商人地位有多低？在宋代东京城的市场上能买到哪些玩具？

唐代商人的社会地位极其卑微，尽管他们有钱，但在重农抑商思想盛行之下，商人是不被社会所高看的。唐代明确规定，商人参加科举考试、不能做官，也不能从军，官员也不能做生意；甚至商人被视作一种特殊的阶层，不能加入民籍，也不能随意自由流动。

除了这些，商人在社会生活中处处都收到偏见，比如穿衣服，唐代对各阶级的服装颜色做了规定，紫色、绿色、青色都是官员才能用的颜色，普通百姓可以穿白衣服，但商人、屠户等工商阶层只能穿皂红色的衣服，这是当时最低等的颜色；再比如出行，唐代规定商人是不能骑马出行的。不过到了后期，由于国家财政吃紧，便允许商人花钱买官，商人获得了社会地位，国家也获得了一大笔金钱，何乐而不为呢？官员们偷偷做生意的现象也越来越普遍，国家既然无法禁止，那么就只能接受官员经商，使之合法性。

唐代的长安城还有大批外来的胡商、蕃商前来做生意，他们大部分从事餐饮业和珠宝业，开了不少餐馆、饼肆、酒馆等。

宋代市井商业繁荣、店铺林立小摊小贩布满整个街头，为“小玩意儿”提供了很好的发展空间，马行街、州桥夜市、相国寺会等人来人往、通宵达旦，那么在宋代的市场上可以买到哪些玩具呢?

首先有逢年过节上市的“节令玩具”，比如立春的“小春牛”，元宵节的“花灯”“走马灯”，三四月份的“风筝”，过年的“爆竹”等，还有“戏具”“花花巧画扇”“香包”这些每个节日都有的物件。

平时还有买来送人、哄小孩儿或是摆着观赏的玩具，《梦粱录》和《货郎图》中记载了大量观赏玩具：单柄小瓶、竹蛇、六环刀、八卦盘、纸旗、小花篮、小笊篱、泥人、小炉灶、六角风车、雉鸡翎、不倒翁、小竹篓、小鸟、鸟笼、小棒槌、影戏、泥灶、竹猫儿、闹蛾儿、促织儿、小螃蟹、马蜩儿、螂蟟、促织盆、绢孩儿、风幡、粘竿、影戏线索、傀儡儿、狮子、猫儿、线天戏耍孩儿，鸡头担儿、罐儿，碟儿、橾儿、鑞小酒器、刀儿、枪儿、旗儿、马儿、闹竿儿、花篮、麻婆子、桥儿、棒槌儿、鱼龙船儿、玉栅小球灯、奇巧玉栅屏风、棒灯球、傀儡玩偶、小枝花朵等。

宋代有音乐天赋的孩子也可拥有音乐类玩具，比如噗噗噔、拍板、竹笛、竹箫、铃铛、小鼓、拨浪鼓、吹叫儿、檐前乐、鼓儿、板儿、锣儿、香鼓儿、哨子等；喜欢运动的孩子可以玩儿打娇惜、千千车、轮盘儿、鞬（毽）子、弩儿、弩弦、弹弓、箭翎、射贴、梭球、蹴鞠、陀螺、竹马、步击、秋千等。还有一些玩具既能玩儿又能吃，比如葫芦、像生花饼、糕糖孩儿鸟兽、燕子推、果实将军等。

火树银花不夜天
歌声唱彻月儿圆

唐代人和宋代人怎么过年？

唐代和宋代那时候，新年还不叫春节，而是叫作元日。宋代诗人王安石写了一首《元日》，“爆竹声中一岁除，春风送暖入屠苏。千门万户曈曈日，总把新桃换旧符。”这又是爆竹，又是屠苏酒，还有桃符，听起来不比咱们现代的春节差，那么就让我们来看看唐代人和宋代人怎样过春节！

唐代人在元日这一天首先要在宫中举办元日大朝会，除夕夜守完岁，第二天一早天还没有亮，唐代的各位官员、臣子，还有远道而来外国使节都要早早进宫等候了，天黑为了不“抓瞎”，各位进宫的官员都要拿灯火照明，一路灯火通明，元日凌晨的长安城仿佛一座“火城”。等到皇帝起床，他们早已经在宫中排好了队等着向皇帝拜年，皇帝在新年的第一天的一大清早听到群臣声声“万岁”向自己拜年，心情自然愉快，李世民还为此作了一首《正日临代》，以表达自己的愉悦心情。

不仅京官要早早地来给皇帝拜年贺正，不少地方官员也在元日前早早来到京城，一些实在路途遥远来不了的也会给皇帝带来贺礼。元日这一天作为新年的第一天，往往会颁布一些最新的政策，这些政策大多是惠民利民的好政策，有的皇帝一高兴还会赏赐官员，给罪犯减刑，所以大家都很期盼元日这一天。

朝会结束后，三品以上的官员和一些使臣还能有幸和皇帝共进新年的第一餐，皇帝还会给臣子们赏赐一种特殊的礼物——柏叶，您可别小看这片树叶子，柏叶是长青的绿叶，皇帝给臣子赏赐柏叶是祝福臣子延年益寿，臣子们都是非常渴望皇帝的这份礼物的。

唐代人在元日这一天，和咱们现代人一样，也要走亲访友、相互拜年。除了给自家的长辈、亲戚还有关系好的朋友拜年，士大夫们也要给自己的“领导”、同僚登门拜年，唐代人无论是大官还是普通百姓，走到路上都要互相拜贺，祝福“万岁”，祝愿各位接下来这一年都万事顺利。

唐代人的新年也是要守岁、吃年夜饭、相互敬酒的，唐代人要在除夕之夜准备好屠苏酒，到了元日的一大早，一家子就要按照年龄大小相互敬屠苏酒，那时候还没有老人长辈优先的说法，屠苏酒年纪最小的要最先饮，家中年纪最大的长辈要最后饮；唐代人守岁时有钱的要整夜燃烧檀香篝火，普通百姓也要通宵燃着灯烛，才子文人们还会饮酒作诗，流传后世的不少大作都是在过年时候迸发的灵感，大家通宵达旦地热闹一整夜，共同迎接新的一年。

唐代人的新年还要吃五辛盘、胶牙饧、椒柏酒、桃汤等特色菜肴，五辛盘是由五种辛辣的食材做成的菜，这五种辛辣的菜一般是大蒜、小蒜、韭菜、云台、胡荽，那时候的人们认为辛辣可以激活五脏，有益身体健康；胶牙饧类似于现在的麦芽糖，十分粘牙，吃了它新的一年就可以牙齿坚固、能吃能喝；椒柏酒就是用花椒和柏树叶制成的酒，花椒是驱寒的，柏叶前面说了是长青之叶，喝了这杯椒柏酒，就可以延年益寿、长命百岁，在新的一年健健康康；桃汤是用桃叶、桃枝煮的汤，虽然听起来不太好喝的样子，但桃木是辟邪的，喝了它可以驱逐妖魔鬼怪、压制邪气，在新的一年顺顺利利。

这一天，嫁出去的女儿还有机会回娘家，见一见自己的亲人；唐代人拜年除了“祝富贵”，还要向家里的长辈“拜长寿”，祈求长辈们身体健康，对着小孩要鞭聪明，祈求自己的小孩能够聪慧过人、有所作为。

古人大多从事农业、靠天吃饭，元日这一天还有一件大事，就是占岁，要算一算今年天气如何？自家今年的收成又如何？唐代人过年也要放炮，那个时候鞭炮还叫爆竹，也不像现在一样是娱乐活动，火药虽然在唐代已经出现，但还只是用于军事，那时候的爆竹是将竹子扔进火里，火一烧竹子爆裂，发出“噼里啪啦”的声响，把瘟神和一种叫作山臊的怪物全部都吓跑，大家这一年就可以健健康康、远离病痛。

唐代人过春节的习俗延续到了宋代，宋代人在元日这一天也要庆祝收获、辞旧迎新、相互拜贺、驱逐疾病、辟邪、娱乐等，但宋代的春节也有一些自己的特色。宋代宫中也会举办大朝会，天未亮，官员们就已经等在皇城的南门丽正门外，等到宫中景阳钟声响起，宋代的官家就会点燃香火祭天，为百姓们祈求新的一年风调雨顺、五谷丰登。接下来，便又是百官、臣子、使节向皇帝拜年的“老节目”。

宋代《梦粱录》记载，宋代人为了驱逐病邪鬼怪，在元日这一天要“净庭户，换门神，挂钟馗，钉桃符”，宋代沿袭了挂桃符的习俗，桃符就是写了字的桃木板，古人认为可以辟邪；贴了钟馗和门神的画像，各路妖魔鬼怪就不敢进入百姓的屋内。放爆竹、饮屠苏酒、椒柏酒等习俗，宋代依然有。宋代人祭祖要在供桌上不断添加新鲜蔬菜，再插上线香，称摆春盘，还要把柑橘摆成金字塔形，称为斗柑橘，宋代士人们拜年不再像唐代人一样一定要亲自上门，宋代人发明了一种类似名片的东西，叫作名刺，士大夫可以让仆人带着名刺，将自己的祝贺送到好友和同事家中，不必亲自上门。

宋代人在元日这一天，无论有钱没钱，都要出门游玩数日，开封的坊巷之间以“食物动使果实柴炭之类”来进行关扑活动，马行街、潘楼街、州东宋门外、州西梁门外踊路、州南一带等地，都张灯结彩、搭结彩棚，将冠子、梳篦、珠翠等头饰，各种最新款式的衣服、领抹、靴鞋等摆出来供百姓们消费，“小民虽贫者，亦须新洁衣服，把酒相酬”，就算是没钱的贫穷百姓，在新年这一天也一定要穿着干净整洁的新衣服，相互拜贺、把酒言欢。

唐代和宋代的官员在春节期间也是有“小长假”的。唐代官员过年也有七天的假期，这一点和现代一样，七天假期是大年初一前三天、大年初一当天以及大年初一后三天，但是高级官员大年初一那天要给皇帝拜年，地方长官春节还要在衙门“值班”；宋代的官员比较幸福，他们春节前的冬至要放七天假，元日要放七天假，元日假期结束元宵节又要放七天假，宋代官员的正月基本都在放假，再加上宋代没有宵禁，宋代的官员真是最幸福的“公务员”！

唐代人和宋代人的正月十五“逛花灯”“吃元宵”吗？

元宵节这个名字在唐代和宋代还没出现呢，正月十五在古代一般被称作上元节，虽然上元节早在唐代之前就已经有了，但唐代和宋代的上元节庆祝风俗较为丰富多彩，可谓达到了鼎盛。而宋代的上元节比起唐代的上元节更加热闹，上元节是宋代民间最热闹的节日，百姓们一年到头最期盼的就是这一天！

唐代人和宋代人上元节和现代一样，也是要逛花灯的。观灯这个习俗虽然早在汉代就已经出现了，但那时候还局限于宫廷内部，是皇帝和贵族阶级们的专属娱乐活动。上元节张灯的习俗正式确定是在唐代，唐代上元节足足要燃三天花灯，唐玄宗下令，正月十四、正月十五、正月十六三天，长安城的各坊门都要打开，还要把灯亮亮堂堂地点起来。宋代将唐代的三天延长为五天，南宋更是达到了六天，但实际上，宋代人早在上元节的前的十二月十五日就开始燃灯了，这在当时叫作预赏，这样一算，宋代的花灯足足要燃将近一个月呢！

唐代时期上元节的灯主要是宫灯和花灯，中国工匠自古以来手就巧，唐代宫灯和花灯的款式就十分多样，一点儿也不亚于现在。《云仙杂记》记载唐代正月十五夜宫中张灯的情景："白鸾转花，黄龙吐水，金鬼，银燕，浮光洞，攒星阁，皆灯也。"宫灯有动物形状的，比如银燕灯、黄龙灯、白鹭灯，还有灯笼、灯树等，灯树就是一种做成树的形状的灯，有许多树枝，有的十分高大，树杈很多，达到了百树灯。

唐代人的上元节还有影灯，影灯类似于咱们现在的走马灯，灯里画有小人，可以边走边转动，十分精巧有趣。除了这些小玩意儿，唐代的上元节还出现了灯楼，《明皇杂录》记载："上在东都，遇正月望夜，大陈影灯……时有匠毛顺，巧思结创缯彩，为楼三十间，高一百五十尺，悬珠玉金银，微风一至，锵然成韵。乃以灯为龙凤虎豹腾跃之状，似非人力。"唐代有一个叫毛顺的手艺人，巧手做了一栋灯楼，有三十间房间，足足有一百五十尺之高，这个灯楼是用丝绸制成的，上面悬挂着金银珠宝作为点缀，上面还画着龙、风之类的各种动物。

到了宋代，灯的种类就更多了，比如画着人物故事的精美走马灯、用珠子和流苏制成的五颜六色的珠子灯、表演皮影戏的羊皮灯、玻璃球一般的无骨灯等。宋代上元节还有要龙灯表演和猜灯谜活动，不少美丽的偶遇都是从这里开始的。还有一种挂灯的棚楼，上面挂着鲜花、彩旗、锦帛，还画着不少神仙故事，叫作山棚，到了上元那天，山棚还会有人工瀑布流下，十分壮观。

宋代的皇宫中在元宵节宴会之前还会放烟火，有一种烟火叫作“地老鼠”，点燃后会到处乱窜，宋理宗时期的元宵节宴会上就放了这种烟火，还曾经钻到椅子下面吓到了皇太后。

唐代的元宵节有歌舞表演，在当时叫作踏歌，是一种边唱边跳的节目，舞蹈以连袖舞为主，“踏谣娘”们露台上载歌载舞，百姓们争着挤在前面观看；不少人还和“踏谣娘”们一起跳了起来，不仅有女子，不少男子也加入踏歌的行列。

盛唐时期的上元节，花萼相辉楼是最佳的观众席，花萼相辉楼是由唐玄宗建造，是唐玄宗与民同乐、交流同欢的地方，当时享有“天下第一名楼”的美誉，宫女、教坊女精心排练的故事性较强的歌舞就在花萼相辉楼前表演，站在花萼相辉楼上可以看得十分清晰。

除了歌舞，还有杂技百戏表演。宋代不仅有专门的教坊表演歌舞，还有杂剧和民间歌舞；上元节，走在的大街上，还能看到不少杂技演员，比如踏索上竿、赵野人倒戚冷淘（冷淘是一种类似凉面的食品）、张九哥吞铁剑等。《东京梦华录》中还能看到一份宋代元宵节的“节目单”，张九哥表演吞铁剑、李外宁表演傀儡戏、小健儿表演魔术、温大头和小曹弹嵇琴、尹常卖表演说书、杨文秀表演鼓笛……傀儡戏即民间一种带有宗教意味的木偶戏；嵇琴是古琴的一种，相传为嵇康所创造，也称奚琴。

宋代的上元节还有很多游戏可以玩儿，比如打簇戏，打中了还能得到奖赏；还有扑灯蛾、击丸、蹴鞠等，不得不说，宋代人真的是很会玩儿。

可能有人要问了，唐代百姓晚上不是不能出门吗？那他们元宵节怎么游玩儿？唐代日常是有“宵禁”制度，唐代人平日夜里是不能出坊门的，但上元节这一天实行放夜，这一天坊市门都是打开的，百姓们可以任意点灯、看灯、游玩儿，可以尽兴地乐上一整夜。

唐代元宵节的特色美食有羔糜，是一种肉粥；还有丝笼，是一种麦面制成的饼；还有一种油炸的南枣馅面食叫作焦饣追（即烤饼）。宋代开始，上元节才开始吃元宵，当时元宵被称为“市中珍品”。

唐代人元宵节民间还要“迎紫姑”，这个习俗最早出现在南北朝，关于紫姑是谁有两种说法：紫姑是与桑蚕农业有关的神仙；紫姑是厕神，紫姑本来是一家的妾室，结果家中的“大老婆”妒忌她，容不下她，就在厕所中把她杀害，这种说法中的紫姑可以保佑底层女性不受伤害。

宋代的天子一直以来走的都是“亲民路线”，上元节也不例外，官家会在上元节那天与民同乐。每年的上元节，宋代皇帝都要乘着小辇，巡幸宣德门，站在坊门上观赏花灯、体察民情。宣德楼下有一个大露台，各种艺人们就在露台上表演相扑、蹴鞠、击丸子、歌舞等，百姓们一抬头，就能有幸能看到皇帝的“天颜”。

许多小贩在元宵节这一天还能大赚一笔，他们常常会守在宫门口，有的卖民间的特色小吃、有的卖民间的珠宝首饰，还有的卖民间的胭脂水粉，宫中的嫔妃平日里住在宫里，对民间的东西很是好奇，所以元宵节这一天就会有宫中的贵人亲自或派身边的人来买一些民间的玩意儿带回宫中，贵人们大手一挥，小贩们这一天能赚到比往常高很多倍的收入！

【走马灯】

唐代人和宋代人怎么过“情人节”

在古代，中国的“情人节”叫作“七夕节”“乞巧节”，是在农历的七月初七。唐代人和宋代人“情人节”怎么过呢?

七夕节的来历与民间流传的牛郎织女的故事有关，传说织女本是天上的仙女，每天都给天空织彩霞，她觉这生活太过枯燥，就偷偷下到了凡间。在凡间，织女遇到了河西的牛郎，两人坠入爱河，便嫁给了牛郎，两人过上了男耕女织的幸福生活。天帝知道后很是生气，就派人把织女抓回天宫，令他俩分离，只有每年农历七月初七才能见上一面，他们的爱情感动了喜鹊，喜鹊们飞来搭起了鹊桥，可以让牛郎和织女在桥上相会。

在七夕节这一天，家家户户的女子都要对镜梳妆打扮、朝天祭拜，祝贺牛郎织女一年一度的欢聚，祈求自己可以得到如意郎君、精于女红、多子多孙。七夕最重要的活动就是穿针乞巧，各位女子要举行穿针大赛，因为是有求于织女，所以在比赛开始前要供奉瓜果，边拜边默念心中的愿望。

唐代七夕节最盛大的地方还得看宫里，唐玄宗十分重视乞巧节，宫中有两个场所是专门为乞巧节所建，一个叫乞巧楼，这座楼可以供十名嫔妃穿针乞巧，对着月亮拿着五色线穿九孔针是七夕节的一个习俗，如果能一下就穿过去，叫作得巧，是非常吉利的好事。嫔妃们有地方乞巧，宫女们也不能干看着，唐代宫中还有一处场所是宫女们乞巧的地方，宫女们会在七夕节这一天将瓜果美食酒水摆在那里，祈求牵牛星和织女星，还要穿针，作为“得巧之侯”、捉蜘蛛结网作为巧侯。

宋代的七夕节不再像唐代一样只为祷告，宋代的七夕节增加了不少娱乐性，更像是一场“女性的狂欢节”，那一天女性和儿童纷纷打扮得光鲜亮丽、上街游玩儿，一起为牛郎织女的相见庆贺，主要活动有穿针、蜘蛛乞巧、玩儿耍摩侯罗（泥娃娃）、玩儿荷叶、在水面漂浮蜡质水鸟等。

宋代的七夕节在商人的炒作下增添了不少商业气息，更像是一场“购物节”，“东京潘楼前有乞巧市，卖乞巧物。自七月初一日为始，车马喧阗，七夕前两三日，车马相次壅遏，不复得出，至夜方散。其次丽景、保康、閶阖门外及睦亲、广亲宅前，亦有乞巧市，然皆不及潘楼。”东京城内七夕节有多处乞巧市，乞巧市主要是白天的集市，但常常延续到夜晚才散；宋代往往在十天前就开始预热节日气氛，七夕节不再只是一天的节日，而成了七天到十天的狂欢。

总之，在唐代七夕节只为乞巧，宋代七夕节达到了鼎盛，是一个集乞巧、购物、狂欢、娱乐于一体的盛大节日。但无论是唐代还是宋代，对于单身女性来说，七夕都是胜过春节的大日子。

【宋代女性七夕丢巧针】

唐宋“大型宴会”：唐代皇帝喜欢看臣子斗嘴，宋代皇帝喜欢看臣子簪花

在唐代和宋代，宫廷中总会举办一些大型宴会，比如节日宴会、皇帝出游宴会、庆功宴、大朝会、宫廷内宴等，我们想到宫廷宴会脑中常常浮现出商纣王的“酒池肉林”，歌舞升平，酒肉满肚，那么唐代和宋代的大型宴会是什么样的呢？

逢年过节宫中总会举办宴会乐一乐，唐代一般会在立春、清明、寒食、端午、七夕等传统节日，还有正月晦日、三月三日、九月九日这些国家法定节日以及皇帝的生日都作为大型节日庆祝。节日宴会一般比较正式，那么我们再来看看皇帝们举办的游宴活动是什么样的？

唐代有几位特别会玩儿、会享乐的皇帝，比如唐中宗、唐玄宗、唐德宗，他们就非常喜欢在宫中举办游宴活动，以唐中宗为例，他身边有许多有才学、会作词的人，每年都会举办各种游宴活动，常常会带着这些词学之臣，春天临幸梨园，给他们赏赐细柳圈用来辟邪；夏天在葡萄园游宴，给他们赏赐朱缨；秋天登慈恩浮屠，也就是慈恩寺佛塔，献菊花酒称寿；冬天临幸新丰，途径白鹿观，

上骊山，赐他们汤泉沐浴、香粉蓝泽……皇帝还常常在游宴中有所感慨作一首诗，这些学士们也纷纷一起作诗品评，所以说有才学还是好啊，可以跟着皇帝到处游玩儿，受到各种赏赐。

其实宫中最常举办的还是皇帝与妃嫔们的内廷宴会，让我们来看看皇帝的“家庭宴会”是什么样的?《松窗杂录》中记载了唐玄宗与杨贵妃的宴会，“开元中，禁中初重木芍药，即今牡丹也。得四本：红、紫、浅红、通白者，上因移植于兴庆池东沉香亭前。会花方繁开，上乘月夜召太真妃，以步辇从诏。特选梨园弟子中尤者，得乐十六色。李龟年以歌擅一时之名，手捧檀板，押众乐前，欲歌之。上曰：赏名花，对妃子，焉用旧乐词为?遂命龟年持金花笺宣赐翰林学士李白进《清平调》词三章。”可以看到，唐玄宗约杨玉环夜间乘着月色一起赏花，还选了梨园弟子表演，李龟年说这么美的花、这么美的妃子，皇上您怎么能听旧乐词，于是皇帝就让李龟年拿着金花笺宣赐翰林学士李白进《清平乐》词三章。这场宴会提到的梨园是唐代宫廷中专门为祭祀、宴会等服务的专门音乐机构，除了梨园还有太常寺、教坊等，这些机构中的乐工负责宫中各种宴饮的器乐演奏、舞蹈表演、杂技表演等。

唐代宫廷宴会中还有倒酒陪酒的侍饮者，大多是容貌美丽的宫妓。前面提到的几场宴会的记载中都能看到作诗、题词等活动，唐代的宴会没文化可不行，不仅可能会被皇帝点去作诗题词，唐代人还常常在宴会上行酒令烘托气氛，这也是要吟诗作对的。

唐代的皇帝还喜欢在宴会中看臣下们“斗嘴”，如《唐新语》卷十三《谐谑》载：“太宗常宴近臣，令嘲谑以为乐，长孙无忌先嘲欧阳询曰：‘耸膊成山字，埋肩不出头。谁家麟阁上，画此一猕猴？’询应声答曰：‘索头连背暖，漫裆畏肚寒。只由心溷溷，所以面团团。’太宗敛容曰：‘汝岂不畏皇后闻耶？’无忌，后之弟也。询为人瘦小特甚，寝陋而聪悟绝伦，读书数行俱下，博览古今，精究苍雅……”臣子们在下面相互嘲谑，皇帝在上面看得津津有味，像是看了一场现场版的“多口相声”。

上面提到唐玄宗和杨贵妃月下赏花时表演的是乐曲，除了歌舞，唐代宫廷宴会中还有散乐。何谓散乐？就是各式各样的百戏演出活动，比如山车旱船、寻橦走索、丸剑角抵、戏马斗鸡、舞马舞象等，历朝历代甚至还有魔术、断手足、断肠胃之术的表演。

宋代的大型宴饮有一项有趣的制度，即簪花制度，宋代人崇尚花文化，无论男女都流行在节日簪花，宋代官方把簪花作为一种礼乐制度确立了下来，成为大型庆典宴饮不可缺少的习俗。但簪花这一习俗在宋代之前就已经有了，唐代的皇帝就很喜欢给臣下赏赐花。宋代人簪的花有两种：一种是生花，即鲜花；另一种是彩花，即假花。

生花的种类一般是应季的，比较受欢迎的有牡丹、芍药、蔷薇、木槿、梅花等；宋代人的假花一般使用罗、帛、绢或者通草制成的，造型多样，十分逼真，到了宋度宗时期还出现了一种用琉璃制成的花，一开始只用于宫中赏赐，后来引发了官员百姓争相效仿，形成“京城禁珠翠，天下尽琉璃”的风潮。

但是，宋代宴会簪花也是有规定的，可不能戴错了。圣节大宴要选用绢帛制成的假花，走简约朴素风，彰显大宋崇尚节俭、淳朴节约的风尚；春秋大宴要使用色彩艳丽的罗帛制成的假花，映衬宴会华美轻松的宴饮氛围；曲宴小宴要选用珍贵香草制成的滴粉镂金花。这里的春秋大宴是指宋代每春秋季节（农历二月或三月、八月或九月），皇帝赐宴臣僚、外使并以君臣宴乐为主的大型官方宴饮活动；圣节大宴是指皇帝生日举办的大型宴会；曲宴是指私宴，是指君主赐予侍从、宗室或者外使的以休闲娱乐为主的官方宴饮活动。

各种重大场合皇帝给官员们赐花也是有等级之分的，《梦粱录》详细记载了这一制度：

> 其臣僚花朵，各依官序赐之：宰臣枢密使合赐大花十八朵、栾枝花十朵，枢密使同签书枢密使院事赐大花十四朵、栾枝花八朵，敷文阁学士赐大花十二朵、栾枝花六朵，知合官系正任承宣观察使赐大花十朵、栾枝花八朵，正任防御使至刺史各赐大花八朵、栾枝花四朵，横行使副赐大花六朵、栾枝花二朵，待制官大花六朵、栾枝花二朵，横行正使赐大花八朵、栾枝花四朵，武功大夫至武翼赐大花六朵，正使皆栾枝花二朵，带遥郡赐大花八朵、栾枝花二朵，閤门宣赞舍人大花六朵，簿书官加栾枝花二朵，閤门祗候大花六朵、栾枝花二朵，枢密院诸房逐房副使承旨大花六朵，大使臣大花四朵，诸色只应人等各赐大花二朵。自训武郎以下，武翼郎以下，并带职人并依官序赐花簪戴。快行官帽花朵细巧，并随柳条。教乐所伶工、杂剧色，浑裹上高簇花枝，中间装百戏，行则动转。诸司人员如局干、殿干及百司下亲事等官，多有珠翠花朵，装成花帽者。惟独至尊不簪花，止平等辇后面黄罗扇影花而已。

那么皇帝要不要簪花呢？宋宁宗之前是皇帝和臣子都要簪花，宋宁宗颁布规定产生了皇帝不簪花的全新礼仪，彰显皇帝的至尊地位，也表现了皇帝“尽将春色赐群臣”的美好期望。

琴棋书画诗酒花
柴米油盐酱醋茶

唐代长安城的特色美食
是不是现在的“老西安特色”？

唐代的都城长安城大概在今天的西安，“羊肉泡馍”“肉夹馍”“西安凉皮”“臊子面”等美食让人不自觉地流哈喇子，那么唐代长安城是不是也像西安一样“好吃”呢？

今天西安的标志性美食面食在唐代时的长安也是饭桌上的“扛把子”，当时长安的面食已经十分丰富。单单是饼子就有各式各样的做法，像是普通的面饼，最普通的百姓都不屑一顾，当时还有制作简单的蒸饼、“进口食品”胡饼，还有油煎饼、阿韩特饼、凡当饼、疏饼、锑糊饼等。

面条在唐代也有各种做法，今天的汤面在当时叫作“汤饼”、今天的凉面在当时叫作“冷陶”，并且唐代人在过生日的时候已经开始要吃长寿面了。唐代人还把面条作为一种治病的方子，唐代医学著作《食医心鉴》中记载了十几种用面条治病的方子，有羊肉面条、黄雌鸡面条、榆白皮面条、丹鸡面条等。

唐代人早餐除了饼子，还可以吃到包子、油条，唐代人称早晨的小吃为点心，所以点心之名源于唐代。但唐代人一般不怎么吃馒头，唐代时馒头一般叫“钉坐”“短丁”“曼头”，大部分是用来摆祭祀台的。唐代人也很爱吃馄饨，长安坊市之间有很多馄饨铺，颁政坊有一家叫萧家馄饨，远近闻名，许多人慕名前来只为吃一碗馄饨。

唐代长安城的居民不仅吃面食，上层阶级和官员们已经实现“米饭自由”，南方每年有大量稻米运到北方，能够满足统治阶级和官僚阶级的米食需求，比如一品官员，朝廷每年要给他们发七百石米；九品官员一年也能领到三十石米，一石大概是 100 斤到 120 斤。除了从南方运来的米，长安周边也有一些地方产米，长安城周围有大片稻田，市民百姓只要有钱，也可以吃到白米饭。

唐代人吃米饭的花样也很多，有盖浇饭，当时叫作御黄王母饭；还有传说能够令人青春永驻的青色米饭青精饭；像是各种各样的粥饭就更加普遍了，长安市民喜欢在粥里加杏仁酪、麦芽糖等，又香甜可口、又有益健康。

糕点也已经在长安城流行，除了诸如七返膏、水晶龙凤膏、重九米锦糕这些花里胡哨的糕点，今天人们吃的粽子、元宵在长安城也能吃到。

对于肉食，长安人普遍爱吃羊肉，他们认为羊肉是温补的，吃了羊肉可以令人身体强壮、百病不侵，下一篇会仔细讲讲唐代人怎样吃羊肉。唐代人不怎么吃狗肉，鸡鸭鹅等禽类也是长安人们钟爱的肉食，长安坊市上出名的禽类菜肴有葱醋鸡、仙人脔、小天酥等，还有一些比较残忍的吃法，比如武则天的男宠张易之兄弟俩发明了一种美味且残忍的方法，他们将鹅和鸭关在大铁笼中，中间放一大盆炭火，四周放着各种调料，鹅和鸭被火烘烤得难以忍受，就去喝周围的调料，最终被烤熟之后已经“入味儿”，十分鲜美。

长安也有很多水产，比如各种鱼、虾、鳖、蟹、蛤蜊等在唐代都能吃到，街上常常有卖鱼的商贩。唐代人的蔬菜种类也很多，比如现在人们常吃的藕、冬瓜、莴苣、萝卜、蒜薹、韭菜、茄子、竹笋、生菜、葱姜蒜等都已经上了唐代人的饭桌，许多蔬菜的名字和现在不同，比如你跟唐代人说茄子他们不知道是什么，他们只知道昆仑紫瓜；唐代人也不知道什么是黄花菜，他们叫萱草；莴苣由于是“进口蔬菜”，所以被称作千金菜。

唐代人和宋代人一天吃几餐？分餐还是合餐？

现在的我们一日基本都要吃三餐，那么唐代人和宋代人一天吃几餐呢？这个问题值得好好聊一聊，一天吃几餐在古代可不是随意规定的，而是由人们的生产生活、食物食材及烹饪方式等决定的。

秦汉以来的很长时间内，百姓们都遵循“日出而作，日落而息”的作息规律，所以他们一般要在出门干活儿前吃一顿饭为今天的劳动积累能量，傍晚太阳落山收工回家后再吃一顿饭恢复今天白天的消耗，如此便一天吃两餐。尽管百姓们流行一日两餐制，但上层贵族阶级平时又不劳动，随时都有奴仆厨师伺候，所以他们饿了就能吃，所以那时候的上层阶级也有一天吃三餐的，总体而言，当时的社会主流饮食习惯还是以一天吃两餐为主。

到了唐代，绝大多数人每天仍旧吃两餐饭，但是唐代时候农业、畜牧业、商业都得到了很好的发展，有条件的人也逐渐根据自己的需求改吃三餐了。一日三餐正式成为社会普及的饮食习惯是在宋代，咱们现在读不少宋代人写的小说和文章，里面描述吃饭时都常常都提到“一日三餐”，所以宋代一日三餐不再是小众习惯，而是人们普遍接受的餐制。

宋代人的一日三餐可不像咱们现在那样随意，东西南北古今中外什么都可以吃，宋代人一般在天蒙蒙亮时候吃早餐，他们的早餐习惯于喝粥、吃羹，与咱们现在“早餐要吃得像皇帝”的养生观点不同，宋代人认为早餐不能吃得太饱，所以要吃一些比较容易消化吸收的流食。

宋代人在正午时分吃午餐，与两餐制中午不吃饭的习惯完全不同，午餐是宋代人最丰盛的一顿饭，大部分是以饭和饼为主食，饭也就是咱们现在的米饭、饼就是面食。

宋代普通劳动人民的晚饭吃得很早，基本在太阳要落山不能干活儿的傍晚就早早回家吃了晚饭休息了，晚饭通常比较简单，不如午餐丰盛，但上层贵族官员们的“夜生活”很丰富，觥筹交错、夜夜笙歌也不是不可能，所以上层人士的晚餐常常要去赴宴，晚餐甚至吃得比中餐还要油腻丰盛，宋代上层人士各个也逐渐拥有大肚腩。

还要一点要明确，宋代虽然一日三餐成为普及的饮食习惯，但也不是所有人都要一天吃三餐，还是有不少人根据自己的口腹需求一天吃两餐的。

那么，唐代人和宋代人是一人一桌分别吃饭还是坐一大桌子大家热热闹闹一起吃呢？

唐代初期，是流行分餐制的，吃饭时常常一人一个小桌，并且唐代人的桌子、椅子、凳子等都是矮小的，所以大家吃饭大多是跪坐着吃；唐代中后期是一个过渡时期，这时候出现了会食制，这是一种介于分餐制和合餐制之间的吃饭方式，大家不再各自分开坐着吃饭，而是开始围在一起，但此时还没有一大桌子吃一大盘菜，尽管坐在了一起，但菜肴和食物还是由厨师根据每个人的需求准备的，只有粥、汤、羹、饼之类的食物是放在一起各取所需的，有一些类似于现在的西餐吃法。

到了宋代，高桌子和椅子的普及，使宋代人解放了双腿。坐在椅子上吃饭，大家开始坐在一起热热闹闹吃饭，合餐制可以一顿吃许多菜还能拉近餐桌上的感情，一直延续到现在。

唐代人和宋代人餐桌上的“主角”——羊肉

在秦汉时期，古人饭桌上最常出现的肉食还是猪肉，而到了魏晋之后，羊肉取代猪肉成为餐桌上的主角，唐代人和宋代人对于羊肉可谓是“情有独钟”。

唐代人从皇室到平民都很喜欢吃羊肉，并且吃出了各种花样。武则天最喜欢吃的羊肉菜品叫作冷修羊，这是一种冷菜，武则天还把羊肉叫作珍郎；唐太宗家的“傻儿子”废太子李承乾曾经特别喜欢在宫中搞角色扮演，学突厥人穿衣打扮，还学着突厥人用佩刀割羊肉大口大口地吃；唐代的公主们喜欢吃的羊肉菜品叫作灵消炙，这道菜只取一只羊身上的四两肉制成，不仅能够消暑，还不会腐烂，但是具体做法却无从考证，用的是羊身上的哪四两肉也无从知晓。

唐代宫廷中有一场著名的宴席叫作烧尾宴，这场宴席的菜肴都是官员们为了哄皇上开心 而进献的，《清异录》记载了烧尾宴的五十八道菜品，其中不乏羊肉菜肴，做法也十分新奇：通花软肉肠用羊骨髓和其他辅料调和成馅料灌入牛肠中制成；羊皮花丝大概是羊胃肚丝，羊肚切成的细长丝要达到一尺长；逡巡酱指鲜美的羊肉和鲜嫩的鱼肉“鲜上加鲜”制成的肉酱；红羊枝杖是今天烤全羊的前身，红羊劫意为国家大乱，这道菜取国家安宁，消灭灾祸的寓意；升平炙用羊舌和鹿舌制成的拌菜；五生盘用羊肉、猪肉、牛肉、熊肉、鹿肉切片制成的生食肉食拼盘；格食把切好的羊肉及羊杂裹上豆粉烤制而成……

平民百姓虽然不能天天吃上大鱼大肉，但逢年过节、日常聚餐或是宴请，羊肉都是餐桌上必不可少的肉食。《清异录》中记载了一些唐代人流行的羊肉菜肴，比如回汤武库类似于加了各种肉食的大锅汤面；羊肉索饼用羊肉做的面饼；羊肺羹将羊肺细切后用一把葱白在豆豉汤中煮成。

除了羊肉，唐代人早已知道了羊“浑身都是宝”，羊杂碎、羊乳也已经上了唐代人的餐桌。唐代人很少直接喝鲜羊奶，他们会把羊奶加工成各种乳制品，如鲜羊奶熬炼发酵制成酪、熬制酪时表面冷却凝结的浮皮即为酥、熟酥中渗出的油状物为“醍醐”“乳腐”则类似于今天的奶豆腐。

宋代人对羊肉达到了“尚羊”的热爱程度，宋代朝廷规定：御膳房只吃羊肉，别的肉都不吃，皇帝都这么爱吃羊肉，下面的官员百姓也得向皇帝看齐，宋代民间官员到百姓都以吃羊肉为荣。

宋代皇宫把御膳房“只用羊肉”作为“祖宗家法”规定下来，并且宋代的皇帝本身都非常爱吃羊肉，比如宋真宗时期御厨一年要做几万只羊，宋仁宗晚上睡不着都在想念吃羊，仁宗时期御厨一日宰两百八十只羊，一年宰杀的羊肉足足达十几万只。各级官员日常的“工资”和“奖金”中也包含羊肉，有的官员甚至一年也能消费四千只羊，这位官员还被苏东坡先生委婉地批评“不要太奢侈”。

宋代民间百姓也很爱吃羊肉，大街小巷的酒楼饭店有各式各样的羊肉菜肴，比如头羹、石髓羹、白肉、胡饼、软羊、大小骨角、炙犒腰子、石肚羹、入炉羊罨、生软羊面等；到了南宋，临安城还出现了“羊肉主题餐厅”——肥羊酒家。就算宋代人如此喜欢吃羊肉，但羊肉在宋代仍然不便宜，大肆消费羊肉的还是有钱人家，像是贫寒之家仍然只能在年节或聚餐之时满足口腹之欲。

唐代和宋代的南方人喜欢吃什么？唐代人钟爱生鱼片？

唐代的都城是长安，北宋的都城是东京。平时我们所了解的唐代人和宋代人的生活都是以长安和东京为中心的北方生活，那么唐代和宋代时期的南方人怎么生活呢？以下以江南地区为例。

南方人的饮食习惯与北方有所不同，江南地区日光充足、降雨充沛，农业十分发达，比起北方多种小麦，江南地区主要种植水稻，所以南方地区比起面食更喜欢吃稻米制品。江南的稻谷分为粳米、籼米、糯米，粳米和籼米都适合煮米饭食用，糯米就常用来酿制酒醋或者制作糕点。江南地区最常见的主食便是蒸煮米饭，糕点也在人们的日常生活中占有一席之地，“方为糕、圆为团、扁为饼、尖为粽”，“五色新丝缠角粽”“宝糖珍炬妆”“乌腻美饴饧”“豆沙甘松粉饵团”“五色团”，到了南宋时期，都城迁到临安，中式糕点就更多了，《武林旧事》中收录了南宋临安市场上已出现“糖糕”“蜜糕”“栗糕”“粟糕”“麦糕”“豆糕”“糍糕”“雪糕”“花糕”“小甑糕”“蒸糖糕”“生糖糕”“蜂糖糕”“线糕”“闲炊糕”“干糕”“乳糕”“重阳糕”等十九个品种。

在肉食方面，江南地区的人民不只局限于猪、牛、羊、鸡等肉类，“鱼米之乡”的人们自然有丰富的水产，江瑶、虾魁、车螯、蚶菜、蟹、鲈鱼、鲥鱼、石首鱼、江鲀、鲤、鳜、鳝、河豚等各种水产应有尽有。

有趣的是，宋代人特别喜欢吃螃蟹，尤其爱吃蜜蟹，也就是用糖蜜腌制过的甜口的螃蟹。一些稀有的北方肉食，比如鹿肉、獐子肉、羊肉等只能出现在江南达官贵人的饭桌上，普通百姓家是吃不起的，江南的百姓吃得更多的是猪肉。

虽说现在“生鱼片”成了日本料理的代表菜品，但其实这都是咱们唐代人吃剩下、玩儿剩下的。

唐代人无论南北都爱吃鱼，鱼的做法也五花八门，比如吴越地区的玲珑牡丹鲊，将腌制过的鱼切成鱼片，摆成牡丹花状再烹饪，是色香味俱全的代表菜品。唐代人还喜欢吃烤鱼，当时叫作鱼炙，而清蒸鱼、水煮鱼、煎鱼、鱼汤这些做法唐代人也早已经开发。

但要说唐代人最爱吃的还是鱼脍，也就是现在的生鱼片，唐代人切生鱼片的刀法可谓是精湛绝妙，不仅专业厨师擅于切鱼脍，许多唐代吃货也练就了一手切鱼脍的好刀工，有一位叫余媚娘的女子，甚至可以凭借自己精湛的刀功，把鱼脍切成五种颜色。唐玄宗曾赏赐鲫鱼和鱼脍刀给安禄山，让他学习制脍的手艺，由此不少官员都认为学习制鱼脍的手艺可以讨好皇上，所以当时不少官员都切得一手好脍。

唐代人制鱼脍是很讲究的，做鱼脍最好的是鲫鱼，其次是鳊、鲂、鲷、鲈鱼，其他的鱼肉就略逊了一些。鲫鱼味道鲜美，但细刺比较多，用来做鱼脍，在精细的切割下，鱼刺都被剔除，人们可以尽情地品尝鲫鱼的鲜美。江南一带由于盛产鲈鱼，所以江南地区更爱吃鲈鱼脍。

唐代人吃鱼还有一件有趣的时期，唐代国姓是李姓，恰好与鲤鱼撞了音，唐玄宗两次下令禁止民间采捕鲤鱼，但“美食怎可以辜负”，唐代百姓不仅没有被禁令唬住，反而开发了鲤鱼的“一百〇八种”吃法，唐代人的鲤鱼菜品特别多，比如鲤鱼脍、活烧鲤鱼等。

唐代人和宋代人怎样喝茶？

唐代有位先生叫作陆羽，是个湖北人，他在中国饮茶史上可是一位大人物。他在年轻时曾游历祖国大江南北，研究茶叶的前世今生，写了一本研究茶叶的著作《茶经》，这本著作足足花费了这位陆先生半辈子的心血，他也被后人尊称为茶圣。《茶经》是世界上问世最早、内容最全面的茶学典籍，其中包含了茶的起源、品种、分布、制作，茶的冲泡用水、器皿，以及茶的趣闻逸事等。

陆羽先生在《茶经》中提到了一个词，即比屋之饮，如此比喻，是因为在唐代时期，唐代人饮茶已经十分普遍，几乎家家户户都在饮茶，茶叶和油盐酱醋一样是不可或缺的生活必需品。

唐代以前，茶并不是用来喝的，那时候的茶大多被当作某种叶菜煮粥喝，称茗粥。陆羽认为，将茶煮成茶粥是对茶叶的浪费，他在《茶经》中说："用葱、姜、枣、橘皮、薄荷等煮之百沸，或扬令滑，或煮去沫，斯沟渠间弃水耳。"陆羽认为，往往将葱姜、大枣、橘子皮、薄荷等喝茶饼一起煮很长时间，把茶汤扬起变清，或者将煮好的茶上面的茶沫去掉，这样做出的茶无异于倒在沟渠里的废水。陆羽抨击了过往这种在茶中加各种佐料的烹茶方法，提出了一种新方法——“煎茶法”。

唐代人喝茶大多是采用这种“煎茶”的方式，这种方式不再放葱姜、薄荷之类的佐料，而是除了茶、水、盐以外什么都不加。煎茶的步骤大致如下：

①炙烤茶饼，再将炙烤过的茶饼放在纸袋中封存，等待茶饼冷却之后再取出碾碎成粉末状待用，要注意茶饼一定要封严实了，避免茶香散去。

②烧水，这一步很讲究，首先要将水烧到“沸如鱼目，微有声”，也就是水沸腾的气泡差不多像鱼眼睛那么大，微微有声音。这时称作“一沸”，要在水里加入适量的盐。

③继续烧水，水烧到“缘边如涌泉连珠”时，这时称“二沸”，要舀出一瓢开水，用竹夹搅动锅中的水使沸腾均匀。

④将茶末投入搅动的沸水中心，继续搅拌。

⑤茶汤沸腾至“腾波鼓浪”，这时称“三沸”，把刚才舀出的那瓢水再倒回去止沸，让茶汤上飘起茶沫，茶就煎好了。

煎茶法的精髓就是最后一步的茶沫，所以分茶时要讲茶沫分配均匀。陆羽的煎茶法一经传播，一直被奉为烹茶的精品方法。到了宋代，又流行起了一种更加烦琐但更加雅致的方法——点茶法。

点茶法不再像唐代煎茶法一样要在锅中煮，而是全程要在茶具中进行，将茶叶末儿放在茶碗里，注入少量沸水调成糊状，然后再注入沸水，或者直接向茶碗中注入沸水，同时用茶筅搅动，茶末上浮，点茶法的大致步骤如下：

①炙茶：炙烤茶饼，去除水汽；

②碾茶：将茶饼或茶团碾碎成粉末；

③罗茶：用绢罗细筛碾碎的茶末；

④候汤：选水、烧水；

⑤暖盏：用少量热水温热茶盏；

⑥调膏：在茶末中注入少量水调成糊状；

⑦点茶：边注水边击拂（用茶筅搅动），把茶汤打出泡沫；

⑧当茶末上浮，形成粥面就算是成了；

宋代的点茶法比起唐代的煎茶法更为雅致、烦琐，对烹茶人的手艺要求也更高，宋代人大多擅长点茶，并且喜欢相互之间斗茶。宋代人首先要比一比茶面最终形成汤花的色泽和均匀程度，色泽鲜白如米粒为最佳，称粥面粟纹；其次还要比茶盏内沿和汤花相接处有无水痕，汤花保持时间长，能够紧贴茶盏边缘的现象叫作咬盏，这是最佳的，若是汤花退散，茶盏边沿出现水痕，称云脚散了，就是一次失败的斗茶；最后就要比一比茶汤的味道了，三步全胜者乃“茶艺大师”。

宋代有个皇帝宋徽宗，没错！就是那位歌舞书法样样精通的皇帝，他在茶艺方面，也是一位“茶艺大师”。他写了一本茶学专著《茶论》，将宋代点茶法研究得极为透彻，全书共二十篇，不足三千字，语言极其精炼，详细记述了北宋蒸青团茶的产地、采制、烹试、品质、斗茶风俗等，书中记载了七汤点茶法，按研磨茶粉的细度及茶粉内含物在沸水中浸出的速度分次注水，通过击拂工具采用不同的击拂手法，使盏中茶汤呈现七个阶段的变化，极其精妙！宋徽宗点茶有多牛呢？据传，宋徽宗能够使茶汤汤面呈疏星朗月状，还能借助茶匙在茶汤上画出山水画来！

【宋饮茶图】

唐代人和宋代人怎么喝酒？

相信大家从小到大都背了诗仙李白和诗圣杜甫不少名诗名句，要说印象深刻的那肯定包括李白和杜甫怎么一年到头总是在喝酒？把李白和杜甫的诗随便抽出几篇肯定能找到“酒”“樽”“醉”“酣”“酌”这些字眼。就连王安石曾经也说，李白的诗十句有九句就是在写妇人或者酒。

唐代诗人为什么偏爱饮酒诗？唐代的酒真的那么好喝吗？唐代人的酒量真的那么好吗？唐代的酒肆业很发达，在长安、江南、全国各地的街市上都能看到飘扬的酒旗和酒帘。唐代那时候的酿酒工艺还不如现在发达，绝大多数地区都只有水酒，只有少部分地区能喝到烧酒。唐代人特别喜欢以“春”字给酒命名，比如金陵的“金陵春”、富平的“石冻春”、射洪的“射洪春”、剑南的“烧春”等；唐代酿酒的食材也非常多样，大多为粮食酒，也有葡萄酒、椰子酒，还有一些独特的酒类，如梨花、李花、地黄、石榴花、茱萸、藤花等都能拿来酿酒。

李肇在《唐国史补》（卷下）中记录了唐代的一些名酒，有郢州的“富水”、乌程的“若下”、富平的“石冻春”、剑南的“烧春”、河东的“乾和”和葡萄酒、岭南的“灵溪”和“博罗”等十四种大唐本土酒，还有三款来自波斯的洋酒：“庵摩勒浆类酒”“毗梨勒浆类酒”“诃梨类浆勒酒”。

唐代的酒大多是将水、酒曲、粮食按照一定比例一起封存在坛子中发酵而成，许多酒都是如“绿蚁新醅酒，红泥小火炉”所描述的浑浊发绿的酒。并且唐代的发酵技术做不出来高度白酒，都是度数很低的甜酒，所以唐代人才能拿着坛子往嘴里灌酒。

唐代人确实很喜欢喝酒，不少人就算欠钱赊账也要喝个痛快，比如贺知章曾经拿金龟换酒；李白用五花马和千金裘换酒……李白除了诗仙之名，还有酒仙之名，李白常常在酣畅淋漓后写下千古名句，但喝多了容易上头，李白就曾在诗中吹牛说自己“三百六十日，日日醉如泥”“会须一饮三百杯”，又在看见汉江水时想象“如果这一江水都变成春酒那该多好，我就可以一辈子都不愁没酒喝了！”

宋代人也是相当能喝，武松喝了三十碗才刚刚五分醉，那么宋代人的酒和唐代人的一样吗？

宋代的酒店比起唐代就更多了，宋代饮食业发达，酒楼林立，《东京梦华录》中说“在京正店七十二户”，也就是说，东京城内光大酒楼就有七十二家。除了京城，其他的乡镇和村庄也是有酒楼酒肆的，是乡村百姓们的饮酒闲谈之地。朝廷还专门有负责酿酒、宴饮的法酒库和内酒坊。宋代的酒和唐代一样，依旧是低度粮食酒或果酒，所以说如果把现在的酒拿给唐代人和宋代人喝，他们估计也是“一杯倒”选手。

从一场“烧尾宴”看唐代人的宴席

烧尾宴是什么？唐封演《封氏闻见记》载：“士子初登荣进及迁除，朋僚慰贺，必盛置酒馔音乐以殿欢，谓之‘烧尾’……贞观中，太宗尝问朱子奢烧尾事，子奢以烧羊事对。中宗时，兵部尚书韦嗣立新入三品，户部侍郎赵彦昭假金紫，吏部侍郎崔湜复 旧官，上命‘烧尾’，令于兴庆池设食……”烧尾宴就是新晋进士用来招待皇帝和亲友的答谢宴。

烧尾宴往往一方面是新晋进士对朝廷恩典的感谢，另一方面也是对自己“大方慷慨”的表现，所以烧尾宴上的菜品往往俱是佳品，可以用来展现大唐宴席饮食的风潮。

韦巨源所献“烧尾宴”列有详细的菜名、原料及烹饪方法，又来又被称为《韦巨源食谱》，是我们追溯唐代宴席美食的重要史料，接下来就展示一部分《韦巨源食谱》中记载的大唐菜肴：

单笼金乳酥（是饼，但用独隔通笼，欲气隔）

曼陀样夹饼（公厅炉）

巨胜奴（酥蜜寒具）

贵妃红（加味红酥）

婆罗门轻高面（笼蒸）

御黄王母饭（遍镂印脂盖饭面，装杂）

七返膏（七卷作四花，恐是糕子）

金铃炙（酥揽印脂，取真）

御黄王母饭（遍缕印脂盖饭面，装杂味）

通花软牛肠（胎用羊膏髓）

光明虾炙（生虾可用）

生进二十四气馄饨（花形馅料各异，凡二十四种）

生进鸭花汤饼（厨典入内下汤）

同心生结脯（先结后风干）

见风消（油浴饼）

金银夹花平截（剔蟹细碎卷）

冷蟾儿羹（冷蛤蜊）

唐安餤（斗花）

水晶龙凤糕（枣米蒸，方破见花，乃进）

双拌方破饼（饼料花角）

玉露团（雕酥）

汉宫棋（二钱能，印花煮）

长生粥（进料）

天花饆饠（九炼香）

赐绯含香粽子（蜜淋）

甜雪（蜜爁太例面）

八方寒食饼（用木范）

素蒸音声部（面蒸，象蓬莱仙人，凡七十事）

白龙臛（治鳜肉）

金粟平（鱼子）

凤凰胎（杂治鱼白）

羊皮花丝（长及尺）

逡巡酱（鱼羊体）

乳酿鱼（完进）

丁子香淋脍（腊别）

葱醋鸡（入笼）

吴兴连带鲊（不发缸）

西江料（蒸彘肩屑）

红羊枝杖（蹄上裁一羊，得四事）

升平炙（治羊鹿舌，拌三百数）

八仙盘（剔鹅作八副）

雪婴儿（治蛙豆荚贴）

仙人脔（乳沦鸡）

小天酥（鹿、鸡、糁拌）

分装蒸腊熊（存白）

卵羹（纯兔）

青凉臛碎（封狸肉夹脂）

箣头春（炙活鹑子）

暖寒花酿驴蒸（耿烂）

水炼犊（炙尽火力）

五生盘（羊、豕、牛、熊、鹿并细治）

格食（羊肉、肠、臟缠豆荚各别）

过门香（薄治群物，入沸油烹）

缠花云梦肉（卷镇）

红罗饤（膋血）

遍地锦装鳖（羊脂鸭卵脂副）

蕃体间缕宝相肝（盘七升）

汤浴绣丸（肉糜治隐卵花）

这份菜单只是那场宴席的部分菜谱，但已经能展示“舌尖上的大唐”，唐代食材多样，烹饪方式主要以蒸、炸、烤、煮为主，肉食食材也以北方肉食为主。但是这份菜单也能看出来，当时的宴席之风十分奢靡，所用食材大多都是名贵食材，一方面展示了大唐盛世的富足与烹饪技术的发达，另一方面看这场宴席更像是一场“炫富”，不值得提倡。